歴史文化ライブラリー

85

新・桃太郎の誕生

日本の「桃ノ子太郎」たち

野村純一

吉川弘文館

原則として、初版で掲載した口絵は割愛しております。

目次

1 いまなぜ「桃太郎」か——プロローグ

桃太郎常識への挑戦

学問の世界には、なぜかいつまでも人が遠巻きにして、ただ見ているだけでなかなか寄り付かない分野があるようである。その意味では、今回ここに取り上げるわが国の「桃太郎」話も、どうやらその一つであったとしてよいのかもしれない。

どうしてそうした成り行きになるのだろうか。原因はいくつかあるだろうが、思うにその事由として、こと「桃太郎」に関しては、それはすでに世間にいう「常識」の範囲を一歩も出ず、それからして、今さらこれに言及するのはもはや児戯に等しいといった観念が先行してあるからではないだろうか。しかし、はたしてそうであろうか。たとえば仮に、それではお互いがいま、この話についてどこまできちんと承知しているかとなると、それはすこぶる訝《いぶか》しい。ひょっとすると、ほとんど及び腰になるのが正直なところではなかろうか。言うなれば、一般に「桃太郎」を知らない人はまずいない。しかしそれでいて「桃太郎」をよく識る人もあまりいないとするのが、実際のようである。したがって、これからするに、通常世に行われる「常識」とか「通念」といったものの実態は、きわめて曖昧《あいまい》模糊《もこ》としていて、客観的には、それらはしばしば知的な血行障害をもたらす弊はあっても、あまり生産的ではないということができよう。

そこでここでは改めて、この〝桃太郎知っての桃太郎識らず〟といった、いわば世上を取り巻く一種の「桃太郎常識」ともいうべきありように向けて、少々異を唱えてみたいと思っている。抗弁権を設定してみようと考えた。もとより予断は許されないが、それでも幸い、このたび参集するのは従来の標準お伽《とぎ》の桃太郎一人とはいささか違って、その後、各地に造形、設置された立体的な桃太郎たちであった。それだけではない。それぞれの故郷にあって相変わらず今も潜在、蟄居《ちっきょ》する複数の桃太郎たちであった。中には予想を越えて、かなり「変な桃太郎」もいる。危ない仲間もいる。しかしそれはそれ、ひとたびは彼らの余勢を駆って、なんとか所期の目的を叶《かな》えたいものだと願っている。

学問として敬遠される桃太郎

ただそうはいうものの、かえりみてもわが国の「桃太郎」は、江戸の享保《きょうほう》以来まこと多岐にわたって伸展してきた。赤本、黒本、青本、黄表紙の類はいうまでもなく、絵巻や浮世絵、錦絵、さらには都鄙《とひ》にみられる屏風絵や役者芝居絵、武者絵そして軸物や幟《のぼり》、あるいは絵馬や凧《たこ》などの図柄として重宝され、また選ばれて郷土人形の一類としても登用されてきた。しかもこの風潮は明治以降いっそう盛んになり、チリメン本、児童絵本、そしてやがては検定、もしくは国定教科書に登場するに及んで、広くに決定的な影響を持つようになった。幼童の教育界を席捲するにいたったとしてよい。一方また、不特定多数の人びと、すなわち一般市場に向けては、ポスターや商標の主人公として頻繁に登壇した。のみならず、ときには市町村における観光事業の一翼を担って、現世利益《げんぜりやく》を願う庶民信仰の一端としてにわかに利用される例も少なからず経験していた。しかも中には奈良県磯城郡田原本町のように、いったん退潮したかにみえたこの種の信仰を、次には町の活性化をめざして再び振興させるべく努めているところもある。こうして桃太郎は、常住座臥、市井にあってはいつしか家庭常備薬のごとき存在として親炙《しんしゃ》されてきたといってよい。これからして、一面、話の主人公は久しく消費財のそれとして在ったとしても過言でない。

こうした情勢を察知してであろうか。通例、小事にかかずらうのを厭《いと》う研究者からは、桃太郎はなべて敬遠され、他方また積極的にこれに組する人びとからは、長らく好事《こうず》、愛玩の対象として遇されるにとどまってきた。たとえば、国文学の世界では比較的早い時期に島津久基、小池藤五郎、あるいは志田義秀といった先学が取り上げている。ただし、ここではいずれもこれを幼童婦女子相手のもの、要はお伽噺、もしくは童話として処するに過ぎなかった。おそらくはそうした通弊を受けてであろう。さきにいったように、桃太郎を知らない人はなく、さりとて反面、これをよく識る人もないといった習いはいっこうに是正される暇なく今日に及んだとしてよい。

『桃太郎の誕生』と在地の桃太郎

もっともその間、これに関しての理由は他にもいくぶんあったようである。それというのも、遡って実質六〇年前、かつて日本民俗学の出立時に、当時の柳田國男はひとり熱心にこの問題に取り組み、やがて彼はここに〝小さ子〟の概念を導入することによって、すこぶる魅惑的、かつ卓越した知見に達した。世にいう〝小さ子の発見〟がそれであり、『桃太郎の誕生』(昭和八年一月刊)一冊の成立がそうである。わが国の本格的な昔話研究は、ひとえにここに始まったとして間違いでない。しかも柳田の〝小さ子〟は、昔話研究にあってはほとんど原理的な重さを擁すると理解されたために、爾後《じご》これに大きく異を立てるのはおおむね憚られ、したがってまたそれに対しての疑義や発問も積極的になされて来なかったのが現状である。ただし、今にしていえばそこにみる柳田の「桃太郎」話への位置づけは、そのころの彼の理想・理念というか、むしろそれに向けての思念が先行し、そのために予定調和への傾きがなかったとはいえなかった。「理想の桃太郎」への思い入れが格段深かったためであろう。それとともに、他に大きく展開する「在地の桃太郎」たちへの目配りには、いささか欠けるところがあった。それだけではない。そこでの柳田の方法は〝小さ子〟の理念、つまりは桃の中からの尋常ならざる誕生、すなわち〝異常出生〟という場面を尊重するのあまり、実際には他に行われるもう一つの説きよう、具体的には川上から流れてきた桃を食べた老婆が、たちどころに若返り、そのうえで改めて懐妊するといった話柄をやや蔑《ないがし》ろにした仕儀になった（図10、二二一ページ参照）。しかるに江戸期の絵巻物の類をみる限り、実態は後者のこの図柄の方が圧倒的に優勢のようである。ここではその手の新資料を紹介しつつ、もう一度「桃太郎」話の原点を考えてみたいと思っている。

以上、あれこれ感想めいたことを述べたが、いずれにしても、わが国を代表する昔話として親しまれてきた「桃太郎」も、近時は滑川道夫、鳥越信の業績以外はさほどきちんとした評価も受けず、それでいて相変わらず消費されるままの運命にあるとして差し支えない。「桃太郎事情」は少しも変わっていないのである。これを思えばひとり「桃太郎常識」も安逸を貪るのは、この辺りが限度ではなかろうかと、そう考えた。本書一冊の小さな役割は、それが果たせればもはやいうことは何もない。

造形される桃太郎

もうひとりの桃太郎

洛陽の桃太郎

中国の洛陽博物館の正門をくぐると、前庭のすぐ左脇に桃太郎のブロンズが立っている。腰に大小二本の刀を差し、ふっくらとした面立ちの好青年である。左手を大きく額にかざして遠くを望み、右肩には雉《きじ》がとまっている。犬と猿も膝下《しっか》にちゃんと配されている。案内役の洛陽市民間文芸家協会、劉百霊氏の言葉をまつまでもなく、この姿容にはどこかでお目にかかった覚えがあると思った。それもそのはず、JR岡山駅二階のコンコース北に飾られている初代の桃太郎、そして、現今駅前の噴水広場に立つ桃太郎像とまったく変わりはない。ついでにいえば、岡山県玉野市の児島半島東部の金甲山に建つ像とも同じである。いずれも岡山県出身の彫塑家岡本錦朋氏の作品である。これからして、洛陽に立つ桃太郎は数えて四代目とすべきであろうか。それとも四番目としたらよいのであろうか。顧みてもおそらくこの間、個々の桃太郎には当然、それらを取り巻く相応の条件や思惑があったであろうが、事情はともかくも、こうして中国に派遣された桃太郎像には、あたかもそれを象徴するかのように台座の碑面には次の一文が刻み込まれていた。

据日本神話伝説、很久以前従桃子中出生一名男孩、人称〝桃太郎〟。他駆除魔、広做善事、因而深受人們的愛戴。岡山作為〝桃太郎〟的伝説地、在日本聞名遐邇。

(日本の神話伝説によると、昔々桃から男の子が生まれ、人々は「桃太郎」と呼んだ。彼は、鬼を退治し、たくさんの善行をして、人々から深く敬愛された。岡山は「桃太郎」の伝説の地として、日本において名声がとどろいている。)

図1　洛陽博物館の桃太郎像

続けてその下には、次のようにあった。

岡山市と洛陽市との友好都市締結一五周年の節目にあたり、その記念として桃太郎像を寄贈します。

一九九六年十月　岡山市長　安宅敬祐

一瞥、一言添えるが、桃太郎について云々するなら、「日本神話伝説」ではなくして、ここはぜひとも「民間故事」にして欲しかった。日本

神話と民間故事

の桃太郎話は成立時からしてすでに民間説話、つまりは今日中国でいうところの「民間故事」であって、これを「神話」と受け止める認識はついぞなかったからである。そして日中間にこれと比較し得る材料を中国国内に求めるならば、さしあたっては「怪異児故事」の中の「椰子売」とか「棗核」、あるいは「拇指孩児」などが有力かと思われる。その場では劉氏にはおおよそ、そのような話をした。

こちらの真意ははたしてどこまで伝わったであろうか。ただ洛陽の桃太郎を前にして、このあと、劉氏からは次のような説明を受けた。日本から贈られたブロンズが博物館の敷地内に設置され、一般に公開されるにいたったのは、実は年を越して一九九七年四月であった。岡山との交流の象徴ということで、当事者たちは慎重に対処するべく、格段の配慮

をした。ちなみに、洛陽、岡山の両者が友好都市の約定を結んだのは一九八一年四月六日。ただし、両市がなぜ友誼を交わすようになったのか、その間の経緯に関しては詳しく知らない。約定締結当時、二つの都市がお互いほぼ同じような規模であったのは事実、そういえば、地理的に両者が同一緯度であるのも、これまた動かし難い事実。あとは気候が似ているはずだといったが、これにはほとんど自信がないようで、劉氏はあえてこちらの同意を求めるような素振りをみせた。その通り。これだけの内容では、現に洛陽、岡山の両者がなぜ友好都市として歩み寄ったのか、そこのところは当方にはよく判らない。決定的な事由はいかにも見出しにくい。ましてや、以上の理由をもって、両市間の友誼を促すべき象徴が、どうして腰に大小二本の刀を差した桃太郎であるのか、その辺りはいっそう判りづらい。正直言って私には劉氏が少々気の毒になった。そこでやむなく、おそらくは両都市間には古くからの人間的な交流にもとづく絆が深くあって、そうした歴史的な背景をもとに、お互いが協調するようになったのだろう、といった程度の推察でお茶をにごすにとどめた。したがって、事、これに関してはこれ以上立ち入るのは控えておく。

ただしこのようにして、当面岡山市を発信母体とする桃太郎、ないしは桃太郎の造形化への試み、さらにはこれの海外移出といった一連の作動は、それはそれで当然、従来にはまったくなかった新たな命題の提供という予想外の事態を引き出してくるように思われる。それというのも、これは要するに、これまで主として言葉によって伝えられてきた民間説話、つまり、本来姿かたちの無い、それでいて同時にすこぶる融通無碍《ゆうずうむげ》であったはずの民話を、ここに意図的かつ恣意的に造形し、ついでそれを不特定多数の人の前にことさら展示、公開するといった様態になるからである。もちろん、口頭による無形伝承の民話や物語の類いを形象化するといった試みは、これまでにも間断なくなされてきた。絵巻物、奈良絵、あるいは草双紙、さらには浮世絵や錦絵、そして近くは絵本、紙芝居等によって、より積極的に視覚に訴えるべく描かれてきた。これらはよく知られている例である。総称するに物語絵としてもよい。しかし、それらはなべて一定の読者、あるいは特定の享受者を相手にした、いわばごく限られた世界での仕様であった。進んで人前に出て行くといった趣きのものでは決してない。しかし今回は、そこが著しく違う。意思的に塑像、制作されたうえで、すこぶる具象化したありようをもって、不特定多数の人びとの前に展示、公開される。ひときわ強い意志表示をすると

民間説話から造形へ

いう段取りになる。しかもそれが海外に移出されるといった条件と宿命を担っていた。これがために、ときには当初こちらが予期しなかったような反響や異見、あるいはまたそれに伴う是非の声がまったく派生しないとは限らない。いうなれば、ここにいたるまでの贈呈者側の好意が、はたして無事相手に届くであろうか、どうか。洛陽の桃太郎の前に立ったとき、私の中にはその種の不安と危惧の念が一瞬交錯してやまないのであった。

七人の桃太郎たち

ところで、なぜいまそれをいうのか。ほかでもない。実はその後、直接受け取った話では、洛陽への寄贈に続いて、岡山市はアメリカはカリフォルニアのサン・ノゼ市、そして中央アメリカはコスタリカ共和国のサン・ホセ市、さらにはブルガリヤのプロブディフ市、以上三市に向けても一九九七年度中にそれぞれ、同じ桃太郎像を贈る予定であるとしている。岡山市国際交流課の説明によると、これら三市とも岡山は友好都市になっている由。そこでもしもこれが実現するとなると、それらは実質数えて五、六、七代目、もしくは五、六、七人目の桃太郎といった仕儀に相成る。岡山産七人の桃太郎たちである。これはいったいどうしたことだろう。もっとも、さっそくこれを聞き咎《とが》めてどうのこうのいうつもりはあまりない。地方自治体の決定意思は意思としてそこにある限り、端《はた》でとやかく言ってもはじまるまい。しかるに反面、そうかといって、「それはまことに結構この上ないご趣旨で」などとは、とてもいえた義理ではない。だいいち、鋳型に嵌《は》められたような一つ姿容のブロンズが、友好親善の名のもとに次々に海を渡って行くのは思うだに不自然ではなかろうか。ましてやこれが桃太郎、これだけが桃太郎といった態のありようは、はなはだ芳しくない。仮に一歩譲って、贈る側がいかにもして、この手の桃太郎像に執心、固執するのなら、まずはそれにさきがけて、わが国の桃太郎話をきちんと紹介し、相手によく理解してもらったうえで寄贈するのが順序であり、かつ手続きではなかろうか。それでなくてもカリフォルニアはともかくも、コスタリカやブルガリヤの人びとが、どうして岡山産桃太郎像にはるかな想いを寄せることができるのか、それはいかにも奇妙な幻想のように思われてならない。

造形物と伝説

何事によらず一方的な思い入れほど傍迷惑《はためいわく》な話はない。ひょっとすると、この場合も案外それに相当するのではなかろうか。改めて云々するまでもなく、仮にそれがどのようなブロンズの桃太郎であろうとも、桃太郎像は桃太郎像として、それだけが別途独立してそこに在るわけでは決してない。それはあくまでも桃太郎話の一場面、あるいはそこから切り離された文脈の外でやむなくひとり屹立《きつりつ》しているに過ぎない。したがって、そのブロンズに向けての理解が働くには、前提として当然、それの背後に横たわる一編の物語、もしくはひとつのエピソードを諒解していなければ、両者の位置関係は何も判らない。相互に語り掛けることはおよそ不可能である。もちろんその際、これの最も好ましいありようは、久しくその場所にしっかりと刻印された特別の物語、なおそれがより広くに喧伝された話やエピソードであれば、いっそう申し分ないはずである。通常私どもはこれを〝伝説〟と称する。しかしこの場合は必ずしも〝伝説〟の域にまで達していなくてもいっこうに差し支えない。たとえば、渋谷の駅前広場に据えられたハチの像がそうであろう。渋谷駅とハチの関係はハチ以外の犬ではまったく意味を成さない。機能しない。もっともこれとても、明治生まれの当時を知るお年寄たちの話によると、わずかきのうまで単にお隣りのシロに過ぎなかった犬が、ある日を境に突然忠犬ハチ公に変身してしまったとする、いわば〝シロからハチへの町の物語〟があるそうである。それはそれとして、要はこうした造形物を受け入れるに当っては、さきがけてその土地の人びと、もしくは受け入れ側の人がまずもって、その手の話なり物語に充分親炙《しんしゃ》し、理解を寄せて、そのうえではじめて歩み寄ってもらえるはずである。それからして、受け皿としてのその種の物語的な環境が備わっていなければ、海外に運ばれた話の主人公たちは、やがて見知らぬ国の片隅にあって一様に顧みられる機会もなく、ただいたずらに風雨に晒される運命を待つことになるだろう。この点、岡山の桃太郎にははたして、その種の覚悟はどこまでできていたのだろうか。およそ他人事とは思えない。

民話のふるさと遠野

とにもかくにも、事に及んでいまそうした感慨を抱くのは、他にもまった
く覚えがないからではない。それというのは、内容はいくぶん異なるにし
ても、地方自治体を発信母体とするこの種の試みと、それの動向に関しては、すでに具体的な例がいくつか手元にあるからである。その一つとして、たとえば岡山市と同様に民話の主人公、もしくは〃民話〃そのものをより有効に活用することによって、観光の拠点、あるいは観光客誘致のための起爆剤とするべく盛んに心掛けてきた所がある。東日本でよく知られるのは、岩手県遠野市の場合がそうである。遠野盆地は人口二万八〇〇〇。比較するに岡山の二〇分の一の規模である。ただし、遠野はかつての日、北上山地内の交通の要衝として殷賑《いんしん》を極め、一六市日には「人三千、荷駄三千」の活況を呈したとする。そして現今はまた、柳田國男《やなぎたくにお》の『遠野物語』の舞台として面目を改め、年間六〇万に達する観光客を迎えている。事実、遠野市は『遠野物語』に事寄せて日本民俗学発祥の地を謳い、一方では早くから〃民話のふる里〃を標榜してきた。このため、施設の整備の拡充にも意を注ぎ、一九八〇年六月の市立博物館・図書館の開館以来、策定して民俗資料

の蒐集や整理・保存に努めてきた。わけても民話を観光の柱とするべく「とおの昔話村」の開設、伝承園、水光園の設営、続いて「ふるさと村」の開発、さらに一九九六年には「昔話村」に遠野物語研究所を設け、翌九七年四月には遠野昔話資料館を開いた。こうした流れの中で、市は旧い町並みの保存と整備、なかんずく〝民話のふる里〟としての特色を内外に顕在化するべく、一九八九年十月「民話の道」を構想した。ふるさと創生事業の一環である。具体的には駅前広場から鍋倉公園に至るまでの直線約七〇〇メートルの商店街の両側に、主として民話から想を得た彫刻作品をほぼ等間隔に配置、施行する事業である。実施に当っては遠野郷、もしくは『遠野物語』に縁の深い話材を優先して選定し、ついで広く知られる民話を国の内外から選出した。これをもって駅前商店会に予定案を提示し、住民からの支援と賛同を得た後、はじめて個々の制作者との協議に入った。

民話にふれる

両者間に共通の理念はいくつかあった。たとえば、在住の市民はもとより、家族ぐるみの観光客からもいっそうの親しみを得るべく、目線をぐんと低い所に置く。しかも歩道脇には特定の小空間を設け、たれしもが容易にかつ安全に近づくことが叶《かな》えられ、そのうえで造形物の実際を感触によって密着して楽しめるように配慮する等、対象物とに距離を置いて、単にこれを観賞するといった従来からの姿勢は退けるとする方針を採択した。民話に触れる、民話を確認するといった試みの提示である。これによって私どもは現在の〝民話を視る〟、あるいは〝視る民話〟といった状況からさらに一歩踏み込んで、次には〝民話に触れる〟、もしくは〝触れる民話〟への創造と、それへの参加といった営みが満たされるのではないかと期待した。それというのも元来、常民の文芸である民話は、ひとえに言葉の世界にのみ逼塞《ひっそく》するような因循姑息《いんじゅんこそく》なものではあるまい。それは言語の壁を突き抜けて、なお不特定多数の人びとの視覚と触覚に訴え得る力を強く擁していることであろうと見做したからである。かくして、これにもとづく作品の完成は一九九二年十二月。個々に主題と作品名、ならびに作者名が記されて展示された。参考までに駅前広場から設置順に示せばそれは次のごとくである。

○主題「ジャックと豆のつる」（イギリス）
作品名　天空へのみち／制作者　中野滋

遠野の彫刻作品

○主題「河童」（遠野）
作品名　河童　それぞれの楽しみ／制作者　池田宗弘
○主題「雪女」（遠野）
作品名　北風の舞／制作者　峯田義郎

○主題「桃太郎」(国内)
作品名　We are waiting／制作者　浅井健作
○主題「天人児《てんにんこう》」(遠野)
作品名　天人児／制作者　遠野市立綾織中学校
○主題「おやゆびひめ」(デンマーク)
作品名　ひなたぼっこ／制作者　田村史郎
○主題「遠野三山」(遠野)
作品名　こだま'91／制作者　山本正道
○主題「あかずきん」(ドイツ)
作品名　森の抱擁／制作者　北郷悟
○主題「ふくろう」(遠野、国内)
作品名　少年と梟たち／制作者　手塚登久夫
○主題「獅子踊り」(遠野)
作品名　獅子踊り／制作者　照井栄
ちなみにこの「民話の道」の歩道には、これらを補完し、かつ導くために切り絵にもとづく「歩道陶板」が八点嵌《は》め込まれている。「笛と童子」「猫と浄瑠璃」「池端の石臼」「おっとどり」「ザシキワラシ」「白いきつね」「天狗」「サケの大助」がそうである。

民話造形の難しさ

こうしてみるに、遠野の「民話の道」の着想とそこでの試みは決して悪くはなかったと思われる。意図するところは斬新で、また生産性があったはずである。しかし、それにもかかわらず、その後、充分にこれが生かされ、目論見通りに機能しているかとなると、それには少々疑義が生じる。なるほど、町筋の整備に力を藉《か》し、併せて町の景観に美を添えるようになったのはたしかであろう。しかし、仮に年間六〇万近くの観光客が訪れるとしても、実際にはいったいどれ程の人がこれら民話のブロンズ像に目を止め、さらにすすんで興味と関心を寄せてくれるのか、となると客観的には必ずしも満足できないのが現況ではなかろうか。現実には心掛けて個々の作品をかなり低い所に置いたとしても、外から街衢《がいく》に入って来るのは、観光バスを主体にそのほとんどがクルマに依存している。結果として、多くの人は駐車場に直接乗り入れたあと、足早やに目的の建造物に入ってしまう。そのため、余裕をもって町内を散策し「民話の道」を歩むのは、その日の宿泊客に限られてしまう結果になった。こうした情況にかんがみて、一部にはいっそバイパス沿い、あるいは特定の建物の出入口近くにこれを据え直した方が、より効果的ではないのかとする声のあるのも無理からぬところである。早い話、自らが〝民話のふる里〟を唱え、そのうえでなお「民話の道」を設定した遠野市の施策にして、そこでの民話の主人公たちのありようは、おおよそはこのような情況であった。

We are waiting

遠野の桃太郎

大勢としてこのように記すと、事、この件に関しては悲観的な意見ばかりが先行するかのような印象を与えるかもしれない。現実はたしかにそうした傾きにあろう。しかしそれでいて、神は常に細部に宿り給うものである。百聞は一見に如《し》かず、その実例は浅井健作氏の「We are waiting」にあった。実際、こうした作品に遭遇すると、民話の造形とそれへの果敢な挑戦は、なんと懐の深い世界を擁し、しかもそこでは果てしない想像力を駆り立てるのが可能であろうかと、思わずも吐息をつかずにはいられなくなる。もっとも、このブロンズ像を取り囲む遠野の市民たち、あるいは通りすがりの人びとがこれに向けて今日までにどのような評価を与えてきたのか、それについては寡聞にしてほとんど知らない。ただし、桃太郎話にもとづく塑像に関していえば、これは現今最も卓越した力量を示した作品だと思われる。そこでこの機会に少々触れておきたい。

作品の雰囲気

はじめにしごく個人的な感慨を述べれば、浅井氏の手法はシンプルで大胆、それでいて格調が高い。周囲に静謐《せいひつ》な雰囲気を漂わせる佳《よ》い作品である。あえて俗を退け、独自の世界を拓こうとした点に意味がある。何よりもそこでの発想が面白い。「We are waiting」の標題通り、中央にひときわ大きな桃を据え置いて、その左右に配された犬、猿、雉《きじ》三匹の動物たちが、来たるべき次の決定的な瞬間をじっと見守っている。この動物たちを、従来の文言のように主人公桃太郎の忠実な従者、もしくは家来と見做すか、それとも別の解釈で、物語の主人公

図2　遠野の「桃太郎」像（We are waiting／浅井健作氏作品）

の危難を救う〝援助者たち〟と見立てるか、つまりは、困難な目的に向って旅を続ける主人公の、いわば〝三人の仲間たち〟と認識するかによって、桃太郎話への理解と解釈は二つの決定的な岐路に立つことになる。その意味で、この作品の場合、主人公の出生に先立って、三匹の動物たちが「We are waiting」の物理的時間とそこでの位置を与えられているのは、実はすこぶる重い意味を担っていると考えられる。できることならばこの辺り、制作者浅井氏の発想の原拠を再確認したいものだと思う。それはともかくも、通常〝犬猿の仲〟といわれる犬と猿とが一組になって、しかも犬に跨《また》がった猿が振り返って桃を見つめているのは、たくまざるユーモアがあって、よい。雉はもちろん、来たるべき事態への優れた予知能力者として存在するのであろう。以上が、ひとえにこの作品を私が好ましいとするいわれである。

もっともそうはいうものの、物語展開の筋からして、三匹の動物たちが、そこでの主人公の誕生を待ち受けるとする思惟と設定は、指摘するまでもなく、そのこと自体がすこぶる恣意的で、これはすでに大人の世界に向けてのきわめて独創的な発信である。話の書割りからすれば逆転の発想を選択している。それからして、幼い者たちにとっては、意外というよりはむしろかなり難解な構成だといわざるを得ないかもしれない。しかし、客観的にみれば、要はこのところが「あえて俗を退け」たと評し得る、いわば当の制作者の一番自負するところと、反面、一般的な通念とが互いにせめぎ合う最も肝要な部分かと捕捉し得る。それを思えば他に類をみない、意欲的なこうした作品が示された以上、これを取り囲む周囲の人たちは、いたずらに拱手傍観《きょうしゅぼうかん》することなく、改めて自分たちひとりひとりに投げ掛けられた好個の話題として受け取り、それを俎上《そじょう》にのぼせていくのが、ここでの望ましい方途かと考えられる。そうしたこともあって、ここにあえて一言するのだが、さてそれならば、「We are waiting」のこの構図から展開する次の場面で、私どもは一様に男の子の出生を予期し得るものであろうか。この際いくぶん妙なことを訴えるようになるが、率直にいって、私個人の疑義は少なくともその一点に存する。

　それというのも、具体的にはなるほど、全体の中央に位する一つの大きな桃、そしてそれを取り囲んで配される犬と猿と雉。こうした揺ぎない三点セットのキー・ワードから、通常そこに読み取るのは、当然、無事なる男児の出生、つまりは桃太郎の誕生であろう。久しく埋め込まれてきた私どものプログラムの中には、それ以外の伸展はまずあり得無い。しかしそれはあくまでも、潜在して組み込まれた既成の観念からこれを迎えに行っているわけで、正直言って、改めていまこのブロンズ像を見る限り、そのプログラムは予定通りそのままつながるか、どうかとする心配がある。いうなればすなわち私にはそこのところが少々不安なのである。なぜかというに、たとえば再度「We are waiting」を見るに、この場合、ここに断然支配的なのは、紛れもなく女性原理そのものであるからである。もちろんあらかじめ断っておくが、短絡化して、母性原理が差し障りになって桃太郎の誕生を妨げる力になっているなどというのではまったくない。しかしそれでもなおいえば、一目瞭然、ここに提示された世界全体を支えるのは、ブロンズ像の中心に置かれた豊満な一つの大きな桃であった。紛れもなく圧倒的な力である。そして、元来、その桃はといえば、これは常時、それ自身が再生と豊饒のイメージから結婚へのシンボルであった。かつまた、処女性の象徴でもあった。これからして、桃は即、女性あるいは女性そのものを意味し、伴ってやがては出産、誕生が期待された。ひっきょうするに産《う》む性である。したがって、この作品の場合、そこでの無言の産む性がひときわ大きく、いっそう立派な故に、ゆくりなくもこのステージに招来され、かつそのまま全体を支配するのはほかならぬ女性原理であると、私は受け取る。結局はそれによって、男の子、つまりは桃太郎の誕生という本来のテーマがかえって後退、退潮してしまったとみるのだが、これははたして素人の僻事《ひがごと》に過ぎないであろうか。

要はすなわち、そもそもが受胎告知に続く、聖なる男の子の出生をそこに予祝するためには、その場面にはなんらかのそれを暗示するにふさわしい記号、もしくは隠喩や表徴が必要ではなかったのか、それを問うてみたかったまでである。

もっともこのように記すと、脇からは、怖《お》めず臆《おく》せず、ずいぶんなことを言えるものだと、彫塑家はそう思うに違いない。だいいち、現行の桃太郎話にもとづいて、自分たちの思惟・思考を淀みなく、しかも発展的に造形しようとしたとき、具体的にはいったいどの場面、あるいはどの情景を練り上げて行ったらよいのか。それでなくとも、いったいに桃太郎話にははたしてそれに価するほどの豊かな物語性、つまりは奥行きの深さが備わっているのか、どうか。煎じ詰めてこの問題を投げ返されると、はっきり言って相手を納得させるだけの言葉はとても返せそうにない。事実、わが国の桃太郎に関してすれば、そこでの物語的要素はすこぶる脆弱であり、また稀薄なのであった。抽象的にいってもはじまらない。試みにその実態を『日本昔話大成』11所収「昔話の型」「四　誕生」から示してみよう。

昔話「誕生」の型

一四三　桃の子太郎（cf.AT五一三A、ATはアールネ・トンプソンの昔話分類番号）

1、婆が(a)川で（箱に入ってきた）桃を拾う。(b)山で桃（栗）を拾う。それから男児が生まれる。2、その子が猿・犬・雉に団子を与えて協力者として鬼が島に行き、鬼を退治して宝物を得て帰る。(家が富む)。

桃太郎話の要約、つまり骨子はこれだけである。参考までに同じ「誕生」に収められる他の三例を挙げてみたい。

一三六A　一寸法師・鬼征伐型

1、子のない夫婦が神に祈願し、(a)女房（夫）の脛（親指）から、または(b)木から子供が生まれる。2、少しも大きくならない。(一寸法師・一寸太郎・五分次郎・大豆・豆蔵・豆一とよぶ)。3、ある家に奉公して娘の供をして外に出て鬼にあう。4、一寸法師は(1)(a)鬼にのまれ、針で腹をついて宝物を得る。または(b)鬼がのもうとするが失敗して逃げる、あとに宝物を落としていたのでそれを拾う。(2)鬼が島を征伐して宝物をとってくる。

一四〇　力太郎（AT五一三A）

1、(a)子のない爺婆が神に祈願して子供を得る。(b)不精者で垢《あか》で人形をつくり、それが人間になる。2、(a)その子は大力者になる。この子はこんび太郎（すねこたんぱこ・栗こたんぱこ・長太郎・火太郎・嬰児子太郎・大食太郎など）と呼ばれる。(b)仲間は、御堂こ太郎、石こ太郎、手かつぎ、山神・竜神の言葉のわかる男。3、長者の娘を食おうとする化け物を仲間の援助によって退治する。4、娘の聟になる。

一四四A　瓜子織姫（cf. AT四〇八、五三三）

1、子のない老夫婦。川上から流れて来た瓜の中から生まれた娘を子供として育てる。2、両親の留守中（嫁入り仕度）天の邪鬼が家に侵入し、(a)姫を殺して自ら姫になる。(b)姫を誘い出して木に縛りつける。3、天の邪鬼、偽の花嫁として嫁入りする。途中で(a)小鳥（姫が化した）が花嫁は天の邪鬼であると鳴いて知らせる。(b)木に縛りつけられた姫が花嫁は天の邪鬼であることを告げる。4、偽の花嫁は(a)追放される。(b)両足を牛と馬に結わえて股裂きにする。

改めて検証するまでもなく、桃の子太郎こと桃太郎は、他の例に比較するに、そこでの中身は痩せていて、いかにも物足りない。何が不足するかというに一篇を貫く主人公の在りようが起伏に乏しく、伴って全体の起承転結が単純で淡泊、構造的にほとんど膨らみに欠ける点がそうであろう。劇的盛り上がりが認められないとしか言いようはない。事実これに関して瀬田貞二は「実際には、桃を川に得るところと、黍団子を持って犬猿雉を伴にするところをのぞいては、ストーリーに発展のない桃太郎物語は、その名声に比して内容の乏しいものと、私には思われ、したがって甲乙を比較しても逕庭のないことになるのがおちである」(『日本お伽集』1、東洋文庫220)と「解説」していた。評価は正鵠を射ていよう。これからして、塑像家の立場からすれば、こうした話を造形化するに当っては、実際にどの部分、あるいはどの場面を立ち上がらせるか、そうなるとそれはそれで必ずや厄介な問題になろうかと察せられる。もちろん、差し当って思い当たるのは、冒頭の川上から大きな桃の流れてくるところ。次には婆がそれを盥《たらい》に入れて持ち帰る場景。ついで、爺と婆とが包丁をもって桃を二つに割った途端、中から男の子が誕生してくる場面。しかし、このように挙げてくると、それはもう考えあぐねるまでもなく、逐一決まり切った節目以外、おそらく他に手掛けるのはほとんど絶無とするのが実態ではなかろうか。

それがあっていうわけではないが、たとえば、これを裏付ける材料として、次にその具体例を示してみる。さきほどの瀬田貞二の「解説」に引いた『日本お伽集』の原典、すなわち『標準お伽文庫』の「日本童話」上巻(大正九年刊)所収「桃太郎」の出だしは、次の如くであった。

ムカシ　ムカシ　アルトコロニ、オジイサントオバアサンガ　イマシタ。毎日《マイニチ》オジイサンハ　山《ヤマ》へ　柴《シバ》カリニ、オバアサンハ　川《カワ》へ　センタクニ　行《イ》キマシタ。アル日《ヒ》オ

バアサンガ　川《カワ》デ　センタクヲ　シテイマスト、川上《カワカミ》カラ　大《オオ》キイ桃《モモ》ガ　一ツ
　ドンブリコッコ
　　スッコッコ
ドンブリコッコ
　　スッコッコ
ト　ナガレテ来《キ》マシタ。オバアサンハ　手《テ》ヲ　ウチナガラ、
アッチノ　水《ミズ》ハ　カアライゾ、
　　コッチノ　水《ミズ》ハ　アアマイゾ。
カライ　水《ミズ》ハ　ヨケテ来《コ》イ、
　　アマイ　水《ミズ》へ　ヨッテ来《コ》イ。
ト　ウタイマシタ。スルト　ソノ　桃《モモ》ハ　ダンダン　オバアサンノ　方《ホウ》へ　ヨッテ来《キ》
テ、オバアサンノ　前《マエ》デ　トマリマシタ。オバアサンハ　ウレシソウニ　ヒロイ上《ア》ゲ
テ、
「コレハミゴトナ　桃《モモ》ダ。オジイサント　ワケテ　タベヨウ。」
ト、キモノト　一ショニ　タライノ　中《ナカ》へ　入《イ》レマシタ。ソシテ　タライヲ　カカエ

テ　ウチへ　カエリマシタ。

シバラクスルト、オジイサンハ　柴《シバ》ヲ　セオッテ、山《ヤマ》カラ　カエッテ来《キ》マシタ。

「オバアサン、今《イマ》　カエッタヨ。」

「オジイサン、待《マ》ッテイマシタヨ。早《ハヤ》ク　上《ウエ》へ　オ上《アガ》リナサイ、イイ　モノヲ　上《ア》ゲマス。」

オジイサンガ　ワラジヲ　トイテ　上《ウエ》ニ　上《アガ》リマスト、オバアサンハ　戸《ト》ダナノ中《ナカ》カラ桃《モモ》ヲカカエテ来《き》マシタ。オジイサンハ　一目《メ》　見《ミ》テ、大《オオ》キイノニ　オドロキマシタ。

「コレハ　メズラシイ。ドウシタ桃《モモ》ダ。」

「今日《キョウ》　川《カワ》デ　ヒロッテ来《キ》タノデス。」

「ナニ、川《カワ》デ　ヒロッテ来《キ》タ。ソレハ　フシギダ。」

ト、オジイサンハ　大《オオ》ヨロコビデ、桃《モモ》ヲ　手《テ》ニ　取《ト》リ上《ア》ゲヨウト　シマシタ。スルト桃《モモ》ハ　ポント　二ツニ　ワレテ、中《ナカ》カラ　カワイイ　男《オトコ》ノ　赤《アカ》チャンガ、手《テ》ヲ　ヒロゲナガラ　トビ出《ダ》シマシタ。オジイサンモ　オバアサンモ　ビックリシマシタ。ケレドモ　前《マエ》カラ　子《コ》ドモガ　一人《ヒトリ》　ホシイ　ホシイト　思《オモ》ッテイタ　トコロデシタカラ、

二人《フタリ》トモ　大《オオ》ヨロコビデシタ。

オバアサンハ　スグニ　赤《アカ》チャンヲ　ダキ上《ア》ゲテ、ウブユヲ　ツカワセマシタ。赤《アカ》チャンハ　イキナリ　オバアサンノ　手《テ》ヲ　ハネノケマシタ。

「マア、何《ナン》トイウ　ツヨイ　子《コ》デショウ。」

「ホントニ　元気《ゲンキ》ノ　イイ　子《コ》ダ。」

ト、オジイサント　オバアサンハ　カオヲ　見《ミ》アワセテ　ニコニコ　笑《ワラ》イマシタ。ソシテ桃《モモ》ノ中《ナカ》カラ　生《ウマ》レタノダカラト　イッテ、桃太郎《モモタロウ》ト　名《ナ》ヲ　ツケマシタ。

叙述は簡潔で、話の展開の枢要な部分以外はまったくない。あえて注文をつければ、瀬田の指摘にもある通り「赤チャンハ　イキナリ　オバアサンノ　手ヲ　ハネノケマシタ」の条のみが余分な夾雑物であろう。

続けてもうひとつ「講談社の絵本」の名のもとに、いっとき世を席捲した『桃太郎』から引いてみる。私などもこの絵本シリーズで育った者の一人であった。通常いうところの「五大御伽噺」や「浦島太郎」は、すべてそこに繰り広げられる〝絵〟を主体に馴染んできた憶えがある。なおこの『桃太郎』の絵は斉藤五百枝。わけても、表紙絵にみえる船上の主人公は荒波を背に大層凛凛《りり》しい若武者として描かれている。時勢を鑑みて、桃太郎はかくあらねばならぬとする強い意志が写されていたのであろう。数えてそれから六十余年、講談社の『桃太郎』は現在英文復刻版『THE ADVENTURE OF MOMOTARO, THE PEACH BOY』として世に出ている。ここではそれの「日本語解説」から引いてみる。現代仮名遣いになっているのはこれがためである。

むかしむかしの　ことでした。

おばあさんが　かわで　せんたくを　して　いると　おおきな　ももが　ながれてきました。

どんぶらこ
どんぶらこ

おばあさんは　その　ももを　ひろいあげると　おじいさんの　よろこぶ　かおをはやく　みたくなって、いそいで　いえ　に　かえりました。

「これは　りっぱな　ももだ。」

おじいさんは　おおよろこびです。

「さて　ごちそうに　なるか。」

ほうちょうで　きろうと　すると

ももは　ぱっと　ふたつに　われて、
なかから　あかちゃんが　でて　きました。
おじいさんと　おばあさんは
この　こに　ももたろうと　なまえを　つけました。

この場合も「おじいさんの　よろこぶ　かおを　はやく　みたくなって」は言わずもがなであったかと思われる。ただし、基本的にはやはりそこでの骨子のみをしっかり捉えた叙述であると認めてよい。こうしてみると、何も右の一寸をもってそれの一丈を云々するつもりはまったくないが、このように単純素朴にして単簡な状況設定が昔話にあっては不可欠な条件であった。したがってもしもこれに必要以上の文飾を施したり、あるいは不用意にそこでの筋を膨らませようとすると、話は話としての矛盾を抱え、思い掛けぬ破綻を来すことになるのは避けられぬ宿命であった。

巌谷小波の桃太郎

創作された桃太郎

『日本昔噺』の桃太郎

さて、前章の終りにみた「誕生」の場面を踏まえた上で、ここではさらに次の資料にそくして検討しよう。時代は溯《さかのぼ》って明治二十七年（一八九四）七月、博文館刊行の漣山人《さざなみさんじん》こと、巌谷小波《いわやさざなみ》の『日本昔噺《むかしばなし》』第壱編所収「桃太郎」がその例である。次の如くである。

むかし〳〵或《あ》る処《ところ》に、爺《ぢゝい》と婆《ばア》がありましたとさ。或《あ》る日《ひ》の事《こと》で、爺《ぢゝい》は山へ柴刈《しばかり》に、婆《ばゝあ》は川《かは》へ洗濯《せんだく》に、別《わか》れ〳〵に出《で》て行《ゆ》きました。

時《とき》は丁度《ちやうど》夏《なつ》の初旬《はじめ》。堤《つゝみ》の艸《くさ》は緑色《みどりいろ》の褥《しとね》を敷《し》いた如《ごと》く、岸《きし》の柳《やなぎ》は藍染《あゐそめ》の総《ふさ》を垂《たら》した様《やう》に、四方《よも》の景色《けしき》は青〻《あを〳〵》として、誠《まこと》に目を覚《さ》める斗《ばか》り。折〻《をり〳〵》そよ〳〵と吹く涼風《すゞかぜ》は、水《みづ》の面《おもて》に細波《さゝなみ》を立《た》たせながら、其余《そのあま》りで横顔《よこがほ》を撫《な》でる塩梅《あんばい》、実《じつ》に何《なん》とも云《い》はれない心《こゝ》地《ち》です。

婆《ばア》さんは適宜処《ほどよいところ》に盥《たらひ》を据《す》え、其中《そのなか》へ入《い》れて来《き》た、汗染《あせじ》みた襦袢《じゆばん》や着古《きふる》した単衣《ひとえ》を、代《かは》る〳〵取《と》り出《だ》しては、底《そこ》の小石《こいし》から小鮎《こあゆ》の狂《くる》ひまで、手《て》に取《と》る様《やう》に見《み》え透《す》く清流《ながれ》に浸《ひた》して、頻《しき》りにぼちや〳〵行《や》つて居《を》りますと、やがて上水《みなかみ》の方《はう》から、一抱《ひとかゝへ》もあらうと思《おも》はれる、素敵滅法大《すてきめつぱうおほ》きな桃《もゝ》が、ドンブリコツコ、スツコツコ、〳〵、〳〵、と流《なが》れて来《き》ました。

婆《ばあ》さんは之《これ》を見《み》て、さて〳〵見事《みごと》な桃《もゝ》ではある。妾《わたし》も今年《ことし》で六十に成《な》るが、産《うま》れてからまだ此様《こん》な大《おほ》きな桃《もゝ》は、つひに見《み》た事《こと》が無《な》い。然《しか》し喰《た》べたらさぞ甘味《おいし》からう、一《いち》ばんあれを拾《ひろ》つて行《いつ》て、お爺《ぢい》さんの土産《おみや》にしやう、それがよい〳〵と、独《ひと》り点頭《うなづ》きながら、手《て》を伸《の》ばしたが届《とゞ》きません。四辺《あたり》を見廻《みま》はしても竿《さを》はなし。一寸《ちよつと》途方《とはう》に暮《く》れましたが、やがて工夫《くふう》を考《かんが》へて、流《なが》れて来《く》る桃《もゝ》に向《むか》ひ、『遠《とほ》い水《みづ》は辛《かアら》いぞ！　近《ちか》い水《みづ》は甘《あアま》いぞ！　辛《から》い処《ところ》は除《よ》けて来《こ》い！　甘《あま》い処《ところ》へ寄《よつ》て来《こ》い！』と、手拍子《てびやうし》を面白《おもしろ》く取《とつ》て、二三遍《べん》繰《く》り返《かへ》して言《い》ひました。すると不思議《ふしぎ》にも件《くだん》の桃《もゝ》は次第《しだい》〳〵に寄《よつ》て来《き》て、果《はて》は婆《ばあ》さんの前《まへ》で止《と》まりました。

占《し》めたと急《いそ》いで拾《ひろ》ひあげましたが、斯《か》う成《な》るともう肝腎《かんじん》の御用《ごよう》は其方退《そっちの》け、匆々《さうく》に洗濯物《せんたくもの》を片付《かたづ》け、件《くだ》んの桃《もゝ》を小脇《こわき》にかゝへて、エツチラオツチラ、吾家《わがや》をさして帰《かへ》りました。

こうした叙述に接すると「途方に暮れ」るのは、実は当の婆さんならずして、それはむしろ、これを引用した私の方である。当初は前出二例に倣《なら》って、ここも同じく主人公誕生の場面まで引こうとした。しかしいかんせんこうした調子で進むので、そこそこに断念した。これではどこまで行っても切りがない。繰り返していうようになるが、昔話は元来、出来事のみ、いうなれば惹起した事件を主体に、それを骨太に繋いでいく。枝葉末節にとらわれずに伸展していくのが方途であった。しかるに、小波の文章は叙景描写がいたずらに多くて冗漫に過ぎる。そこで、さきの二例にもとづいていえば、とりあえずは右引用の前半に限って傍線を施した部分は、ことごとく不用かと見做し得る。

小波の創作

何故ならば傍線部はすべからく、昔話そのもののありようとは本来無縁の、つまりはまさに小波の手に成る別個の創作世界であって、それ以外の何ものでもない。事実、小波はこの一文にさきがけて「口上」を設け、「幼年諸君《おこどもしゅう》へ」としたうえで次のように記していた。

さて此《こ》の昔噺《むかしばなし》は、元《もと》より昔《むかし》より有《あ》り触《ふ》れた物斗《ものばか》り。それを事新《ことあたら》しく書《か》き立《た》てるは、入《い》らざるお世話《せわ》の様《やう》なれど、如何《どう》したものか赤本類《あかほんるゐ》は、とんと影《かげ》を晦《くら》ました今日《こんにち》、僅《わづ》かに乳母《うば》が添乳《そひぢ》の伽《とぎ》に、耳《みゝ》から耳《みゝ》へ伝《つた》へられる斗《ばか》り、目《め》から目《め》へ伝《つた》へるべき、書《か》いたものが頗《すこぶ》る少《すくな》い。其処《そこ》で例《れい》の児煩悩《こぼんなう》、これがいかにも残念《ざんねん》さに、兎《と》に角一集《かくひとまとめ》にして置《お》きたいと云《い》ふ若《わか》いに似合《にあは》ぬ老婆心《らうばしん》から、辛《から》うじて求《あさ》り得《え》た二三の参考書《さんかうしよ》と僅《わづ》かに残《のこ》る記憶《きおく》を力《ちから》に、挿画《さしえ》と唱歌《しやうか》の合槌《あひづち》を頼《たの》んで、かくは打《うつ》て出《い》でたる次第《しだい》（下略）

内容は明らかに、従来の口伝えの昔話を退け、それに代わるべきものとして「目から目へ伝へるべき」文芸、いうなれば新たな児童文学の地平を拓くべく言挙げしていた。伝承昔話からの訣別宣言である。これを思えば、小波の作品をいま比較対照の材料に取り上げたのは、そのこと自体あまり意味を成さないのではないかとする批判が生ずるかもしれない。しかし『日本昔噺』、中でもこの『桃太郎』に関する限り、事はそう簡単でなかった。少なくとも俎上に載せる理由は、分別して大きく二つある。

桃太郎の負債

ひとつはまず、さきに傍線を施した部分、そこでの文飾である。文体といってもよい。そしてもしもこれを文体とすれば、それはそのまま彼の思想の問題にもなってくる。改めて云々するまでもなく、小波のそれは硯友社《けんゆうしゃ》の風を受けて修飾が多く、饒舌《じようぜつ》、いかにも冗漫な文章である。叙景描写に加えて、そこには意図して主人公の心理まで投影しようとしている。しかしこの方法は昔話本来の姿とはまったく二律背反し、際立って背馳《はいち》する方向にあった。極言すれば原理的に大きく齟齬《そご》を来たしているわけである。後に当時の事情を回顧して小波は『おとぎ四十年』の一節に次のように記していた。

少年文学で味を占めた博文館は、更に日本昔噺の名の下に、在来の我邦の有名な童話を、一定の様式に書き直すべく私に需《もと》めた。元《もと》より私の考へてゐた所だから、渡りに船と直にこれに応じて、即ち桃太郎、かちかち山、猿蟹合戦、花咲爺と、相次いで新たに書き直す事にした。これが日本昔噺である。

右に記すように、もしも彼が「一定の様式」と見做せるものをきちんと遵守《じゆんしゆ》していたならば、そこでの叙述はとうていこのようにはならなかったと思われる。いずれにしても、ここにみえる小波の方法には著しい勇み足があったとしかいいようはない。続く二つ目の問題は、それとは別にさらに一段と複雑にして厄介な課題を抱え込むようになった。話の改竄《かいざん》、改変にとどまらず、そこに一定の解釈や思い入れを、小波が一方的に添加、導入したからである。時にはしばしば時局を映す言辞を弄したからだとしてもよい。結局はこれが原因して、わが国の桃太郎話には、その後いつまでも大きな負荷がかかるようになった。客観的には桃太郎の負債である。もっともこの負い目は必ずしも小波一人の責ではなく、無批判に同工異曲の風を踏襲した人びとなべてが負うべきものであった。ただし、その先蹤《せんしょう》を務めた『日本昔噺』の役割はいかんせん免れ難い。したがって、これについてはのちほど、もう少し触れてみる。

当初、桃太郎の造形に向けて話題を投じながら、途中で小波の例を持ち出した。それがために話はいくぶん迂遠になった。しかし、このようにいかに舞文曲筆《ぶぶんきょくひつ》を尽し、また文飾を施しても、昔話そのものについていえば、しょせんそれらはすべて徒労に過ぎない。単にそれだけの話である。これをしてさきに私は「原理的に大きく齟齬を来たしている」と「極言」した。ただし、それだけでは依然納得し難い向きも多々あるかと察せられる。言ったからにはそれなりの理由を記しておく必要があろう。

昔話の特性

すでに説いたように、昔話は簡単な情況設定の下に、やがて惹起する事件を主体にそれを骨太に繋いで伸展していく。そこに特徴があるとした。説話の特性である。そしてこの性質を見極めるために『日本童話』上巻と「講談社の絵本」所収の二例を示した。それにもとづけばここにいう「骨太」とは、仮にこれを物に譬えれば、それはあたかも建造物における柱のごとき存在だと考えればよい。そうだとすれば柱はまさしく「骨太」であるのが望ましく、しかも不可欠、絶対の位置を主張してくることになる。そこでこの際、譬えに沿ってこれをもう少しいえば、話や物語は常時完結して、しかもそれは一つの小宇宙の生成をめざしている。したがってそれはまた、常に一個の独立した部屋のようなありようを示しているとも捉えられよう。そのとき、一つの部屋を部屋たらしめる確定条件として求められるのは、当然、強靭にしてなおかつ揺ぎない柱の存在であろう。これを思えば、話の節目節目はとりもなおさず、そこでの柱とまったく同じような役割を担っていることが理解し得る。独立した物語や話には、随時それを支えるにふさわしい何本かの選ばれた良質の柱があったというわけである。そこで、これをしてさらに準《なぞら》えてするに、昔話という一つの密室の扉の前に立ち、ついで最初の一歩を踏み入れたとすれば、入室者はまず、その四隅に立つ一本一本の柱を順次、丹念にたしかめ、そのうえで着実に歩を巡らせる。そして、もしもそれらがすべて順当に確認し得たなら、彼はそこでの出口いうなれば、話の結末にいたるまで無事誘導されたとする趣きになる。物語の完結である。

物語や話にとっての節目とは、ひっきょうするにこのようなものであった。要するに節目は柱であった。これからして当然のこと、本来それの占めるべき位置や場所の変更は、到底許されない。万一、その位置がずれたり動いたりすると、部屋は歪《ゆが》んだり傾《かし》いだりして不本意な恰好《かっこう》を呈するようになる。物語や話にあってもそれはまったく変わるところはない。

変えてはいけない部分

こうしてみると、話の節目、つまり柱に該当する部分は、好むと好まざるとにかかわらず、それはいつも変化し難い部位、要はそれ自体、不変化の部分であることが導き出されてくる。たとえ無形の言語伝承である一編の昔話にあっても、時空を貫いてひとり変化しない部位、またその場面は基本的に存していたのである。そして潜在するこのありようは古くから多くの絵師たちが心掛け、あるいはまた画工たちが頻《しき》りに挑んできた、物語や話の絵画化、つまりはそれの具象化しようと欲した場面や場景に、そのまま重なってくるものとなった。これを要するに、視覚化し得る箇所はやはりごくごく限られていたとしか言いようはない。したがってこのありようをいま、このように理解すれば、これはもう話の造形化、たとえそれが桃太郎話の場合にあってもまったく同じことがいえるかと思われる。すなわち、仮にそこではいかに〝民話を視る〟、あるいは〝視る民話〟からさらに〝民話に触れる〝、もしくは〝触れる民話〟への新たな創造、具体的には、それの造形化への試みとはいってても、それでいてそこにはいつも立ちはだかって大きな壁があった。目に見えぬ大きな制約や制限があったのである。したがってこのことは、ひとりひとりの塑像家にとっても、まことに超え難い造形空間であったのが判ってくる。その意味では、今日実際に目にし得るいくつかの桃太郎像、もしくは幾人かの桃太郎があったとしても、それらはなべて話の枠から大きく飛翔するのはとても叶えられなかったのである。

以上、話が筋を追って伸展、進捗して行く際に、その節目に当る部分をして、ひとたびは建造物における柱に見立てた。

ダメージ・コントロール

かくして、ここにいうそれら何本かの柱は、物語や話の構造を支えるかけがえのない役目を担っていたことが判った。のみならず、それと共にもひとつ、さらに重要な機能を擁していた。それというのもそこでの柱は、ポイントごとにそれがいくつか存することによって時には話の筋の逸脱や、あるいは放埓《ほうらつ》な暴走を抑制して逸散を防ぐ、もしくは後刻これの修正を確実に図るといった、いわば事故の防御装置とでも称せる役割を常に果たしていたからである。具体的にはたとえば、語り手や話の担い手の意図的な操作によって、話の一節がたまたまあらぬ方向に流れ、またいっとき著しく潤色されようとも、それでもそれは次に控える柱を経巡り、予定通りこれを確実に通過することによって、結局は再び本然の筋に戻るという積極的な役割を担っていたからにほかならない。いわば一種の自動制御装置であるとしてよい。したがってこの事実からは同時に、柱から柱にいたるまでの場面では随時話を膨らませたり、あるいはまたやや事を好んで面白おかしく仕立てても、僅かばかりのところは大目に見られるといった保証にもなっていた。要は程度を越さぬ道草はしばしば黙認されていたのである。これを評するに、そもそもが話は絶対的な不変化部分と、一方に変化許容部分の両様に染め分けられていたということになる。そこで改めていまこれにもとづいて大局的にこれを判断すれば、あらかじめ何個所かに配された不変化部分、つまり話の節目とも柱とも見做せる部署は、そこにこれがいくつか確然と存することによって、もしも局部ごとに不意の損傷や不都合が生じたとしても、やがてそれが直接機能することによって、そこでの損傷が大きく全体に波及する弊を防ぎ、最終的には話全体の崩壊と転覆を未然に防止するといった、きわめて理に叶った、また有効な手段を有していたということが明らかになってくる。いうなれば話にはいったいにダメージ・コントロールが可能であったのである。

かくして思うに、話はどうやら随意自己回復を図るのが叶えられ、併せて常時修復というか、いわば自己治癒を図りつつ、久しきにわたって無事伝承されてきたという事実を知るにいたる。話はいつもそれ自体があたかも強い意志を有するかのように歩み、しかも生き続けてきたのだと推察し得るわけである。

英雄伝説の桃太郎

小波の決定的改竄

以上、昔話に直接潜在、付加する性質について述べてきた。それがためにかなりうるさい記述になったかもしれない。しかし、このようにみてくる限り、振り返っても小波の仕事はやはり相当具合の悪いものであった。たとえば彼は桃太郎話における最も枢要にして、かつ決定的な場面を次のように述べている。

> 爺《ぢい》さんは聞《き》いていよ〳〵喜《よろこ》び、『それは何《なに》より難有《ありがた》い。丁度《ちやうど》腹《はら》も減《へ》てるから、早速御《さつそくご》馳走《ちさう》に預《あづ》からうと、勝手《かつて》の方《はう》から庖丁《はうちやう》を持《も》ち出《だ》し、件《くだん》の桃《もゝ》を俎板《まないた》にのせて、真二《まつぷた》ツにしやうと割《わり》かけました。
>
> すると、不思議《ふしぎ》や桃《もゝ》の中《なか》から、可愛《かあい》らしい子供《こども》の声《こゑ》で、『お爺《ぢい》さん暫《しば》らく待《まつ》た！』と、

云《い》ふかと思《おも》ふと其桃《そのもゝ》が、左右《さいう》にさツと割《わ》れて、其中《そのなか》から一人《ひとり》の嬰児《あかんぼ》が、ヒヨツコリ踊《をど》り出《だ》しました。

　此体態《このていたらく》に驚《おどろ》くまい事《こと》か、爺《ぢい》さんも婆《ばあ》さんも、一《ひと》つより無《な》い肝玉《きもたま》を潰《つぶ》して、アツと云《い》つて倒《たふ》れましたが。嬰児《あかんぼ》はそれを制《せい》して、『イヤ驚《おどろ》くまい〱、私《わたし》は決《けつ》して怪《あや》しい者《もの》ではない。実《じつ》は天津神様《あまつかみさま》から、御命《おほせ》を蒙《かふむ》つて降《くだ》つたもので、其方衆二人《そなたしゆうふたり》が此年頃《このとしごろ》、子供《こども》が無《な》い迚《とて》嘆《なげ》いて居《ゐ》るのを、神様《かみさま》にも不便《ふびん》に思召《おぼしめ》し、則《すなは》ち私《わたし》を授《さづ》ける程《ほど》に、吾《わ》が子《こ》にして育《そだ》てよとの事《こと》だ。』と声《こゑ》も朗《ほが》らかに陳《の》べました。

　爺《ぢい》さんも婆《ばあ》さんも、之《これ》を聞《き》いて喜《よろこ》ぶまい事《こと》か。此齢《このとし》になる迄《まで》も、ついに児《こ》と云《い》ふものがないので、日頃《ひごろ》から之《これ》を嘆《なげ》いて居《ゐ》た矢先《やさき》、思《おも》ひ設《もふ》けず此様《こん》な好児《いゝこ》を、天《てん》から授《さづ》かつたものですから、それこそ天《てん》に喜《よろこ》び地《ち》に喜《よろこ》び、手《て》の舞《ま》ひ足《あし》の踏《ふ》む処《ところ》も知《し》らずと云《い》ふ、殆《ほとん》ど半狂乱《はんきやうらん》の有様《ありさま》。其儘件《そのまゝくだん》の児《こ》をわが手《て》に育《そだ》て、桃《もゝ》の中《なか》から産《うま》れたのだから、其名《そのな》も桃太郎《もゝたらう》と付《つけ》て、蝶《てふ》よ花《はな》よと可愛《かあい》がりました。

　いったん、桃の中から男の子が声を発するに「お爺さん暫らく待た！」は、あまりに唐突でしかも芝居がかっている。それだけではない。「嬰児」が不意に自らの出自を言挙げして「実は天津神様から、御命を蒙つて降つた」と、事も無げに言い放った一言は、これがそのままその子の素姓を神の使わしめに位置づけられることから、桃太郎は紛れもない貴種、それがためにこればかりは他の話とは格別位相を異にしているはずだといった考えを導くにいたり、これを英雄伝説の一端に据えるといった発言がなされるようになったからである。

高木敏雄の発言

具体的には高木敏雄がその一人である。「英雄伝説桃太郎新論」（『日本神話伝説の研究』一九四三年所収）の中で、高木は次のようにいう。

すなわち、桃太郎の話は、

「精密に云へば、英雄伝説的童話」とするのが本当であらう。如何にも「桃太郎」は神話的伝説でもなければ、史的伝説でもない。国民伝説でもなく、また地方伝説でもない。それかと云つて、また普通一般の民間童話でもない。つまり民間童話の衣を被つた史的国民伝説であつて、その中には神話的要素、伝説的要素、童話的要素、その他いろ〳〵の要素が含まれてゐる。

そして、その間の事情に関しては、

桃太郎の話が、源三位頼政の鵺《ぬえ》退治、頼光大江山打入、為朝鬼島渡り、御曹子めぐりなどと同一の部類に属すべき英雄伝説の童話化したもので、而《しか》もその童話化が甚《はなはだ》不十分であるために、通常の民間童話と同一視すべきものでないと云ふ理由は、この点に於ても求め得られるのである。

と説いた。現行の桃太郎話は、桃太郎を主人公とした英雄伝説を原拠に生成、成立したと見立てたのである。もっともそうだからといって、実際にその原型たる英雄譚がどこにあるのか、もしくは何をそれに比定するのかについては何も触れていない。

しかして一方、こうした考え方に同調、あるいは連動したその後のいくつかの発言は、やがてそれらはいずれも桃太郎、ならびに桃太郎話の命運に向けては暗く、しかもきわめて重い負荷をかける結果になった。

桃太郎話の命運

ただ、それにつけてもここにみられる「嬰児」の思い掛けないこの名乗りは、そもそもが何にもとづいて、いったいどこからきたのであろうか。確認するに、さきに示した「口上」の一節に小波は「辛《から》うじて求《あさ》り得《え》た二三の参考書《さんかうしよ》と、僅《わづ》かに残《のこ》る記憶《きおく》を力《ちから》に、挿画《さしえ》と唱歌《しやうか》の合槌《あひづち》を頼《たの》んで」という具合に記していた。したがって、この条をみる限り、『桃太郎』の成立には少なくとも彼のいう「辛うじて求り得た二三の参考書」たるものがあったはずである。しかしいま仮にもそれと思われる書誌、すなわち藤田秀素筆、赤本『桃太郎』や『桃太郎昔話』(『近世子どもの絵本集』所収)、さらには加茂規清『雛《ひな》廼《の》宇《う》計《け》木《ぎ》』の

『桃太郎之弁』(『江戸期の童話研究』所収)等を閲《けみ》しても、該当事項はどこにも見当らない。これによって、滑川道夫は「『日本昔噺』解説」の〈3〉「内容と表現」に、こうした場面は「小波の創出である」とした。そうかもしれない。そして事実、滑川の判断に間違いがなければ、この種の「小波の創出」は、そこでの彼の「老婆心」とは裏腹にその後もいくつかの過誤や勇み足を重ねて行く結果を招来するようになった。

小波の勇み足

たとえば、やがて立派に成長した桃太郎は、次に家郷を出立する場面を迎えるが、道々、最初に遭遇した犬との情景は次のごとくである。

さても桃太郎《もゝたらう》は、両親《ふたおや》に別《わか》れを告《つ》げまして、只管《ひたすら》路次《みち》を急《いそ》ぎましたが、丁度《ちやうど》其《そ》の日の正午時分《ひるじぶん》、腹《はら》も如何《どう》やら減《へ》つて参《まゐ》りましたから、路傍《みちばた》の木根《きのね》に腰《こし》を掛《か》け、用意《ようい》の黍《きび》団子《だんご》を取《と》り出《だ》して、ムシヤ〳〵遣《や》つて居《を》りますと、忽《たちま》ち其《そ》の傍《そば》の艸原《くさはら》から、犢《こうし》ほどある斑犬《ぶちいぬ》が一匹《ぴき》、ノソ〳〵と現《あら》はれ出《い》で、桃太郎《もゝたらう》に向《むか》つて牙《きば》を剝《む》き出《だ》し、『ウーわん〳〵! 己《おの》れ此斑殿《このぶちどの》の領分《りやうぶん》を、断《ことは》りも無《な》く通《とほ》らうとは不届《ふとゞき》な奴《やつ》、其《そ》の喰《く》つて居《ゐ》る弁当《べんたう》を、残《のこ》らず置《お》いて行《ゆ》けばよし。異議《いぎ》に及《およ》べば此処《このところ》で、頭《あたま》から咬《か》み殺《ころ》してくれるぞ。ウーわん〳〵!』と喝《おど》しかけました。

桃太郎《もゝたらう》は冷笑《あざわら》ひ、『何《なに》をぬかす野良犬奴《のらいぬめ》! 吾《われ》こそは此度《このたび》皇国《みくに》の為《た》めに、鬼《おに》か嶋《しま》を征伐《せいばつ》に参《まゐ》る、桃太郎《もゝたらう》と申《まを》す者《もの》だ。邪魔立《じやまだ》て致《いた》さば用捨《ようしや》はない、己《おのれ》こう頭《あたま》から、真二《まつぷたつ》に切《きつ》て棄《す》てるぞ。』と反対《あべこべ》に叱《しか》りつけました。

冒頭に提示したごとく、桃太郎のブロンズ像にイメージされた犬たちは「ひとつください、お供します」の言辞に似つかわしく、どれもこれもがやや小振りでいかにも可愛い。小さくて可愛く、賢げな犬だからこそ、ひとたび鬼に立ち向ったときには、まことに健気《けなげ》な助っ人、もしくは仲間振りを発揮するのであった。猿、雉にしてもそれはほとんど同じである。そしてこの場合、そこでの犬、猿、雉が揃いも揃って小さいのは、おそらくそこには、小さ子としての主人公にふさわしい仲間たち、あるいはさらに一段と踏み込んで解釈すれば、そこでの三匹の存在は、実はそのいずれもがその男の子の分身、もしくは瞬時にしてそれと入れ代わるのが可能な、不思議な存在としての姿を主張していたかと考えられるからである。それからしてここでは、小さい者は聖なること、小さな者であるからこそ、他に抜きん出て優れた存在であるという主張を強く擁していたと見做される。それにもかかわらず、小波の叙述は「犢《こうし》ほどある斑犬《ぶちいぬ》」であり、しかもあろうことかその場での言辞は「此斑殿《このぶちどの》の領分《りやうぶん》を、断《ことは》りも無《な》く通《とほ》らうとは不届《ふとどき》な奴《やつ》、其《そ》の喰《く》つて居《ゐ》る弁当《べんたう》を、残《のこ》らず置《お》いて行《ゆ》けばよし。異議《いぎ》に及《およ》べば此処《このところ》で、頭《あたま》から咬《か》み殺《ころ》してくれるぞ」といった態《てい》であった。主人公出生の際の言動が著しく「芝居掛ってい」たとは、すでに指摘したとおりだが、役者もどきの大仰なその身振りと言辞は、ここでもまったく変わらない。それにつけても「此斑殿の領分を、断りも無く通らう云々」などとする異様な物言いの背後には、ひょっとすると江戸の町奴唐犬《とうけん》権兵衛辺りのイメージがあったのかもしれない。閑話休題。

桃太郎話の見解

辿り辿って、小波の不都合を、いかに述べ立てても、それはいっこうに生産的ではない。もはや屋上屋を架するの儀は避けておきたいと思う。ただし残る一つの支障事に関しては、桃太郎話の歴史にかかわる要諦であると心得て、先学たちのそれに向けての代表的な見解を一つ二つ挙げておく。たとえば、先出滑川道夫はさきに掲げた「解説」の中で、続けてさらにその辺りの事情を次のように記していた。

日本昔噺が採りあげられた社会的背景に、日清戦争がある。二十七年六月には清国の出兵に対抗して混成一個旅団の朝鮮派遣を決定、続いて清国政府に、公使館保護のための日本軍出兵を通告するという事態急を告げていた。東学党の蜂起（三月）以来開戦前夜的状況がしだいに深まり、新聞の号外が激増しつつあった。第一編「桃太郎」が世に送られた七月には、日本軍が京城の朝鮮王宮を占領し、武装解除している。八月一日ついに清国に宣戦布告するに至った。日清戦争にもりあがる過程において、民族意識・国民意識が高まっていく、日本昔噺という形で伝承国民説話がとりあげられ、少国民のために与えられようとする。

　第一編「桃太郎」において、鬼が島征伐の理由を「元来此日本の東北《うしとら》の方、海原遥かに隔てた処に、鬼の住む嶋が御座ります。其鬼心邪《よこしま》にして我皇神の皇化《みをしへ》に従はず、却て此の芦原の国に寇《あだ》を為し、蒼生を取り喰ひ、宝物を奪ひ取る、世にも憎くき奴に御座りますれば、私只今より出陣致し……」と、桃太郎が述べるのである。まさに清国に攻めこむ桃太郎像になっている。こうした国民意識の高まりを背景に、この「日本昔噺」シリーズと、全二十四巻に収まらなかった「書き残しを」「日本お伽噺」として続刊し再編成することになる。

近時、白石勝は「桃太郎の原像」（『伝承の文学』一九九七年所収）の中で、これも同じ趣旨のもとに小波の『桃太郎』のその場面を踏まえたうえで、

　明治以後は、小波が過度にまで児童文学的修飾を加えたために、かえって侵略の趣は倍加された。それがまた明治政府の政策に沿ったのは皮肉なことであった。小波が桃太郎教育などと言いながら、昔話の根本を見ていなかったからにほかならない。さ

らに小学校唱歌・教科書は話を単純化して、「赤本」の持つ戦国期的なニュアンスを切り捨てる一方、江戸後期より教訓的な脚色が桃太郎話を変質させた傾向も受け継いだが、それでも小波の「昔譚」よりは罪がなかったであろう。

と評した。なおこの間、滑川道夫には労作『桃太郎像の変容』（一九八一年）がある。また鳥越信『桃太郎の運命』（一九八三年）は、これを「皇国の子・桃太郎」「童心の子・桃太郎」「階級の子・桃太郎」「侵略の子・桃太郎」「民衆の子・桃太郎」と章立てて、そこでの問題点を鮮明に剔抉《てっけつ》したことでまさしく出色の一冊であった。

洛陽像の前で

洛陽博物館の敷地内にある桃太郎像の前に立ったとき、一瞬私には臆するものがあった。危惧と悔悟の念が交錯したままにブロンズ像を見上げた。それは単に、そこでの桃太郎が腰に大小二本の刀を差していたからではない。わが国の桃太郎話には、はたしてそれをこのように造形化するにふさわしい内容が伴い、かつまたそれを積極的に海外に移出するだけの普遍性が備わっているのだろうか、そうした思いが先立ったからにほかならない。実際、いまなぜ桃太郎なのか、本当にこの桃太郎でよいのであろうか、正直言って、そうした反芻《はんすう》もまた私の裡《なか》にしっかりとあった。顧みるにわが国の桃太郎話、ならびに桃太郎自体には、払拭し切れぬ負荷がいくつもかかっていた。

歴史的な負の遺産である。それはもちろん、話の主人公桃太郎自身の責任ではないにしても、私どもは一様にこの事実から目を背けるわけにはいかない。その意味では、桃太郎の昔話に題材を求めてきた創作家や、あるいはまた再話を試みた人びととそこでの話とは好むと好まざるとにかかわらず、お互いがすでに運命共同体としての責務を担う立場にあったのである。この点、今回ここに取り上げた彫塑家や画家たちもこれまた変わるところはまったくない。

そしてさらにこの事に関しては、昔話の語り手はともかくも、その採集者、もしくは調査報告をもって任ずる人びともも同様であろうと私は思っている。ただ残念にも今日まで、採集者や報告者たちからは、なぜかその手の発言はほとんど欠落してきたのではなかろうか。ここではもう一度それへの認識を新たにし、そのうえでやや異なった視点と立場から桃太郎話にアプローチしてみたいと思う。

柳田國男の桃太郎

詩人松岡國男

話題が移ったのを契機に、ここでは様子を変えて脇の資料から入ってみたい。塩谷賛の評伝『幸田露伴』には次の記事が認められる。

小波の全盛

時の総理大臣西園寺公望《さいおんじきんもち》は思い立つところがあって文士二十人を駿河台の私邸に招いた。六月十七日のことである。会するものは十七人で欠席が三人あった。名を挙げると、幸田露伴・森鷗外・巌谷小波・塚原渋柿園・内田魯庵・広津柳浪・後藤宙外・川上眉山・島崎藤村・泉鏡花・小栗風葉・国木田独歩・徳田秋声・小杉天外・大町桂月・田山花袋・柳川春葉の人々で、通信を得て来なかったのは坪内逍遙・長谷川二葉亭・夏目漱石である。以上の人々のほかには主人がわとして横井時雄が加わった。この人は幕末の開国論者横井小楠の子である。

それの「遊仙窟」の項から引いた。明治四十年の話である。この年、露伴は四十一歳であった。前章からのかかわりでいえば、明治三年六月生まれの巌谷小波《いわやさざなみ》はこのとき三十八歳である。一言添えるが、巌谷大四の『波の跫音《あしおと》――巌谷小波伝――』所収の「年譜」では、右の日付は「四月」になっている。続けても一つ引く。

かつて明治四十二年の一月十九日、時の文部大臣小松原英太郎に招かれて永田町の官邸に集った文士は九名である。さきの総理大臣西園寺公望の雨声会とは違うはずの会で、フランスに存するような文芸院の設立問題と風俗上双方の意見を交すためとから催される懇話会なのである。（中略）文士の名を挙げると鷗外・漱石・露伴・敏・小波・渋柿園・矢一・万年・抱月で、逍遙は差支えがあるというので招待状が出ていなかった。（中略）それから二年を経た明治四十四年五月十七日にいたり文芸委員会官制の公布となり、委員十六名が任命された。以下にその氏名を記す。森林太郎・上田万年・芳賀矢一・藤代禎輔・上田敏・徳富猪一郎・柿崎正治・佐々政一・幸田成行・巌谷季雄・伊原敏郎・大町芳衛・塚原靖・饗庭与三郎・足立荒人・島村滝太郎である。幹事一名には文部省専門学務局長福原鐐二郎が当っている（中略）この文芸委員会は文芸院の準備機関のはずであった。

「文芸委員会」から引いた。明治四十四年の記事である。露伴は四十五歳。小波は四十二歳。参考までに挙げるが、前年の六月、小波の『世界お伽噺』の完成を祝って、お伽祭が行われた。そのことについて前記大四の「第三部」の一節には「明治東京逸聞史」から次の引用が認められる。

『巌谷小波、十年の歳月をかけて〈世界お伽噺〉一百冊をつくり上げたるお祝ひとして、東京座にてお伽祭を催せり。桃太郎銅像の除幕式を行ひ、見物側の三千の少年、桃太郎の唱歌をうたふにつれて、小波はじめ仮装の人々踊りしは、いかにも賑かに、面白をかしく、お伽祭の見せ物として、上出来の思ひ附なり』（傍点野村）

そしてそのあと、大四は「このお伽祭の催された頃が、小波山人の全盛期だったであろう。大正時代になると、童話の名が、お伽噺の名に代わることとなって、山人の存在が目立たなくなってしまう」とする森銑三の「感想」も併せて紹介していた。

文芸院と柳田

ここにいたって、なぜ求めてこれらの文章を引用、紹介したか。それについて少し述べてみる。理由の一つとして、当の小波と露伴はともかくも森鷗外の名が重ねて出てくるところにある。この事実はやがて彼が松村武雄・鈴木三重吉・馬淵冷佑とともに『標準お伽文庫』全六巻（大正九年）を編むようになった事績と決して無縁ではない。そしてこうした動きはおそらくは国家的事業の一環として、当時この手の資料蒐集を鷗外が積極的にめざしたであろう経緯を充分に窺わせるものであった。しかし、すでに塩谷も記しているように、本来「文芸院の準備機関のはずであった」この文芸委員会はなんらかの事情によって具体的な進展をみるにいたらず、結局は頓挫してしまったもののようである。ただし、そこでの顚末は史料不足でよく判らない。

次に理由の二つ目は、右引用文の中には眉山・藤村・鏡花・風葉・独歩・花袋といった具合に、文学界、もしくは文学界同人、あるいは龍土会とかイプセン会を舞台にそれぞれ親交のあった仲間内の名がみえる。しかしそれでいて、ここにはほとんど例外的に松岡國男こと、後の柳田《やなぎた》の名前が認められない点にある。もっとも事、これに関しては、ことさら見当らない人の名を挙げてもしょせん仕方あるまい。この期に及んでの無い物ねだりに、いったいどれほどの意味があろうかとする疑義や発問があるに違いない。たしかにそうであろう。ただし、それを承知のうえ、なおかつこれを指摘するにはやはり相応の根拠があっての話である。具体的には、その間の事情を物語るにふさわしい材料が他にあるからにほかならない。確認するに文芸委員会の「委員十六名が任命された」のは、明治四十四年五月であった。その年の十月一日、柳田は紀州田辺在住の南方熊楠《みなかたくまぐす》に宛てて次の一節を擁する長文の書簡を発していた。

実は文芸委員会の芳賀博士門生をして会のために伝説を蒐集せしめらるるよし、来年早々くらい文部省の名をもって世に出で申すべく、やり方によりてはかえってこの学問の趣味をも殺《そ》ぐの虞《おそれ》ある故、別に一遊軍を提げて突出せん考えに候。御心付きのことも候わば、この上とも御示教下されたく候。

『柳田国男　南方熊楠　往復書簡集』に拠った。柳田はこのとき三十七歳。前年の五月に『石神問答』、そして六月には『遠野物語』を上梓、続けて十二月には新渡戸稲造宅で郷土会の創立に参じていた。文中の「芳賀博士門生」は志田義秀や島津久基を指すのであろう。いずれにしてもここでの柳田の筆鋒は異様に鋭く、わけても「やり方によりてはかえってこの学問の趣味をも殺ぐの虞ある故、別に一遊軍を提げて突出せん云々」には、そもそもが彼の意思する学問の方向と、一方、文芸委員会といった公的機関の動向が早くも緊張関係にあった様子を窺わせる。それとともに、そこに名を連らねる面々とはすでにほとんど埋め難い乖離があるのを暗示していたと思われるからである。

柳田の孤立化

今日、この辺りの事情を説いて、かつての日、柳田は花袋や藤村をはじめとする新体詩の人びととの訣別をもって、詩人松岡國男から柳田國男への転身、蟬脱《せんだつ》をはかり、やがては農政学を経て日本民俗学への道を拓いて行ったと見る向きは多い。解釈としては、柳田個人の自己覚醒にもとづく、内部からの衝迫による詩の世界からの脱却といった位置づけであり、評価である。大筋はなるほどそうなるかもしれない。しかして反面、右に挙げた資料に拠る限り、それとは別に、一方には若き日の文学仲間からの疎外と、併せてそこから生じた柳田自身の孤立化といった気配が濃厚に立ち上ってくるのではなかろうか。いうなればかつて親しかった仲間からの乖離といった現実はあっても、そうかといって当時の柳田にとっては、芳賀矢一、上田万年といった人びとはなお一段と距離のある存在であった。異なる立場にある人たちである。客観的にみれば、彼には拠るべき場所がなかったのである。こうしてみると、そのころの柳田國男は一見どことも定まらぬ風の中に、周囲との調和を欠いたまま一人沈潜した境遇にあったように思われてならない。そしてもしもそうした認識が得られるならば、遠く田辺に在る南方熊楠との間に、あのような長文の書簡を集中的に交わし合ったのも、これまた世にいう〝遠交近攻〟の趣きに似て、どこか理解が届くように考えられる。ただこれははたして私一人の思い入れに過ぎようか。

かくして、ここに点綴するいくつかの材料からみても、森鷗外や上田敏、そして巌谷小波やまた芳賀矢一といった人びととも、柳田の意図する学問への志と方法は著しく異なる方向を目指していたであろうことは間違いない。それとともに時代はかの小波にとってもまさしく「ちょうどその頃（明治四十三年ごろ）小川未明が処女童話集『赤い船』を出して、小波の『お伽噺』を止揚する近代童話の前兆を示し『お伽噺』というものが、次第に『童話』から『児童文学』へと移り変って行く機運にあった」（『波の跫音』第三部）のである。新しい生命はすでに胎動しつつあったのである。

柳田國男と昔話

柳田の昔話発見

いったんこのようにしてそれぞれの資料を突き合わせてみると、小波を含む文芸委員会のメンバーに対して、一方にはその動きを批判的に牽制しようとする柳田個人の強い学問的な衝動があった、と見て取ることができる。しかし一歩踏み込んで、ではそのとき、柳田の側には、それらを退けるに際してどのような代案、もしくは準備がなされていたかとなると、はっきりいってそれはかなり心許ない状態ではなかったのか。私にはどうもそう思われてならない。なぜなら『遠野物語』における、そこでの資料処理、具体的には話個々の位置づけと、それに伴う配列の仕様一つを閲《けみ》しても、当時の柳田の方法には依然未分化、未確定の要素が多く、それらに向けての理論整備には未だしの観を抱かざるを得ないからである。たとえば、そのころの様子を知るのに、そこでの一一五から一一八にいたる叙述はやはり見逃すわけにはいかなかった。

一一五　御伽話《オトギバナシ》のことを昔々《ムカシムカシ》と云ふ。ヤマハ、の話最も多くあり。ヤマハ、は山姥《ヤマウバ》のことなるべし。其一つ二つを次に記すべし。

柳田はそのように述べたあと、

昔々ある処にト、とガ、とあり。娘を一人持てり。娘を置きて町へ行くとて、誰が来ても戸を明けるなと戒しめ、鍵を掛けて出でたり。

と書き起こし、これの展開を述べた後、

――それより湯を煮立《ニタ》てゝ焼錐の穴より注《ソヽ》ぎ込みて、終に其ヤマハ、を殺し二人共に親々の家に帰りたり。昔々の話の終は何《イツ》れもコレデドンドハレと云ふ語を以て結ぶなり。

として、この一話の終結部を記していた。次いで一一八では、

紅皿欠皿《ベニザラカケザラ》の話も遠野郷に行《オコナ》はる。只欠皿の方はその名をヌカボと云ふ。ヌカボは空《ウツ》穂《ボ》のことなり。継母《マヽハヽ》に悪《ニク》まれたれど神の恵ありて、終に長者の妻となると云ふ話なり。エピソードには色々の美しき絵様《エヤウ》あり。折あらば詳しく書記すべし。

としていた。

見る限り『遠野物語』執筆の際、柳田國男の裡《うち》には昔話を昔話として見立てるにふさわしい絶対条件とかそれに伴う適切な規矩、つまりは伝説と昔話、あるいは昔話とそれ以外の、たとえば世間話とこれらを截然と画する、そうした抜本的な見解はまだ充分に用意されていなかった。これからして、おそらくはそれらを一括したうえで、民譚、または民間説話の一類としてこれを掌握しようとする思いがあったに過ぎないと察せられる。それでなくして、なぜ**一一五**の項にことさら「御伽話のことを昔々といふ」と報告し、続けて次になお「昔々の話の終は何れもコレデドンドハレと云ふ云々」といった具合に、あえてこれを記し留める必要があったであろうか。したがって、いま改めてこれを評するに、ここでの記述こそ、実は柳田國男における「昔々」「コレデドンドハレ」との、はじめての出会いであり、かつ郷土としての遠野での「御伽話」ならぬ、在地の「昔々」との決定的な邂逅《かいこう》であったと認められるのである。要はこの事例をもってして、柳田自身の手になる〝昔話の発見〟もしくは〝在地の昔話との遭遇〟であったと見做し得よう。しかもこうした理解はまた、後の『日本昔話名彙』所収「昔話のこと」の一節、すなわち、

たしか明治四十三年に、私が『遠野物語』といふ書物を公けにした時に、その終り

の所に遠野地方のムカシコが二つほど載りました。之はその著者が、偶然に子供の時の記憶を持つて居ただけであつて、それを筆記した私までが、まだ此時には「昔話とは何ぞや」といふ事を考へて見ようともしませんでした。(傍点野村)

とする、きわめて率直な一言によってても多分に裏付けられるのであった。

柳田の昔話研究

意図して話はとぶが、その後、柳田國男の昔話研究に向けての発言は、物理的にも充分な時間とそれに見合う十全の準備のもとに公けにされて行った。振り返っていえば『遠野物語』刊行時、柳田は三十六歳。新たな学問への道を拓くには決して若くない年齢であった。それを思えば、雑誌『郷土研究』を発刊し、さらにはその後、官職を辞して東京朝日新聞社客員に身を委ねたうえで、彼には多くの旅を重ねる日々があった。結果としては四十代から五十代にかけての、人生の中で最も脂の乗切った時機を集中してこの領域の研究に費やしたことになる。晩年にはこれをいって「惜しいことをした。昔話や方言などに熱を上げるんじゃなかった。もう時間が足りない」(堀一郎「柳田国男と宗教史学」)と柳田は述懐している。事実、この間における昔話、伝説への興味と関心は、はからずも研究者としての彼の生涯をほとんど呪縛するくらいに執着したものであった。

いったいに、柳田はなぜこれほどまでに情熱を掻き立てられ、あまつさえここに執心、固執したのであろうか。今になっての跡付けの理由は幾重にも立てられるに違いない。しかしこの際、抜き差しならぬ認識の一つとしてはっきり言えるのは、それはおそらくそのときの柳田にとって、昔話研究を出立点とするこの国の民俗学は、爾後《じご》はたして学問として充分成立し得るか、否かとする、いわば極限の選択肢であったであろうということである。それというのも、いかなる場合にも、およそ学問が学問として認められるには、当然いくつかの条件を満たさなければならない。そしてその際、そこに求められるのは、いつに普遍的な原理と、併せて積極的にそれを擁立する理論の体系化にあった。どちらが欠けてもいけない。この二つの要件を抜きにして新たな学問の誕生はとうてい考えられない。すなわち、原理の抽出とそれに伴う整合性のある論理の展開こそ、近代科学の要諦である。それがあってはじめて、学問は独立した科学としての市民権を獲得するにいたる。一子相伝の奥義伝授、あるいはまた寺子屋からの解放だとしてよい。その意味で、この国の民俗学が学問として認知されるためには、何を措《お》いてもその先駆けとして、まずは手元における昔話研究が客観性を得られなければならなかった。具体的にはそれまでの感性にもとづいた印象的な旅の学問、あるいは好事家の趣味としての郷土研究から離陸して、この学問は実質客観科学として呱々《ここ》の声を挙げることが叶えられるか。自立し得るか。さしあたって、これについての厳しい選択と同時に強い意思決定を迫られたのは、ほかならぬ当の柳田自身であったからである。

客観科学としての昔話研究

もはや確認するのも煩わしいかもしれない。しかし明日の昔話研究に向けて、柳田がことさら冀求《ききゅう》したのは、客観科学としての方法であり、そしてそれに伴って何よりも危惧《きぐ》したのは、これがひとり好事家たちの郷土趣味に低迷する点にあった。事実これを証するものとして、佐々木喜善の『聴耳草紙』に寄せた「序」の一節を引いてみよう。昭和五年十二月である。

> 佐々木君も初めは、多くの東北人のやうに、夢の多い鋭敏といふ程度迄感覚の発達した人として当然余り下品な部分を切り捨てたり、我意に従つて取捨を行つたりする傾向の見えた人であつた。それが殆んど自分の性癖を抑へきつて、僅かばかりしかない将来の研究者のためにこういふ客観の記録を残す気になつたのは、決して自然の傾向ではなく、大変な努力の結果である。
>
> これ迄普通に郷里を語らうとしてゐた者のしば〱陥り易い文飾といふものを、殊にこの方面に趣味の発達した人が、己をむなしふして捨て去つたといふ事は、可成り

大きな努力であつたと思はれる。問題は、将来の研究者が、こういふ特殊の苦心を、どの程度迄感謝する事が出来るかといふ事にある。私は以前「紫波郡昔話集」「老媼夜譚」が出来た時にも、常にこの人知れぬ辛苦に同情しつゝ、他方では、同君自身の文芸になつてしまひはせぬかと警戒する役に廻つてゐた。もう現在では、その必要は殆んど無からうと思ふ。

「こういふ客観の記録」はともかくも、続く「しばく陥り易い文飾といふもの」「殊にこの方面に趣味の発達した人」、加えて「同君自身の文芸云々」といった筆致からすると、当の喜善を透して、その向うにはすでに巌谷小波の姿の垣間見えるのも、これまでの文脈からしてあながち無理な指摘ではないと思われる。いずれにしても、このように柳田の昔話研究の方途は、心掛けて従来の近代「お伽噺」色ともいえるもの、要はそこに纏綿《てんめん》する個人嗜好にもとづく過剰な文芸意識をことごとく払拭する点にあった。これがため、彼は自己の理念と思念にそぐわない相手に対しては、よしんばそれが童話研究を目的とする人びとであっても、激しい口吻のもとに退けるのが常であった。たとえば雑誌『童話研究』を拠点とする蘆谷蘆村ならびに、一連のその関係者に向けての批判がそうである。ただしこれについてはすでに「日本民俗学と『童話研究』——柳田國男と蘆谷蘆村——」(『童話研究』別巻）に記した。重複は避けたい。

理想の男子

『昔話採集手帖』

大要こうした状況の下で、昭和十年（一九三五）七月、還暦を迎えた柳田國男《やなぎたくにお》は、日本青年館で日本民俗学講習会を催し、明日の民俗学への宏遠な未来図を用意した。席上、彼は各地に散在する同学の士に呼び掛けて、民俗学研究の組織化を強く促した。そのうえで翌十一年、直ちに全国規模にわたる昔話の重点的な採集調査および蒐集作業に着手した。具体的には調査・蒐集を推進するための手立てとして、『採集手帖』を関敬吾の協力を得て作成し、地方在住の研究者に配布した。一種の作業マニュアルである。手帖の判型は文庫判サイズ、昭和十一年八月十日の刊行である。発行所は民間伝承の会。冊子の正式な名称は『昔話採集手帖』であった。

手帖は冒頭に「昔話を愛する人に」と題する柳田の一文を掲げ、続いて「採集上の注意」を載せている。とくに冊子に盛り込まれた内容と格段の展開を示す構成には改めて注目すべきであろう。全体の体裁をみると、『昔話採集手帖』には、見開きの右のページにそれぞれ、サンプルとしての話例が一番から一〇〇番にわたって示されている。一〇〇話の型が選ばれて、提示された趣きになる。左ページはいずれの箇所も空白のままに残されている。地域ごとの担当の調査者が各自採集の資料をそのままそこに書き込めば、これによってサンプルとの異同を直接対照、照合しうるように配慮されている。簡便でかつ、見事に整備された手帖である。ただし、それは書冊の体裁、あるいは実施にあたって用意された手帖自体の有効性に関する効能であって、この一冊には、さらに重要かつ決定的かと思われる問題が潜んでいた。それは、実は、然《さ》り気なく並べられた一番から一〇〇番までの話の順序、いうなれば、昔話の配列とか一話一話の序列そのものにあった。

ちなみに、内容を少々紹介する。柳田は最初にまず「桃太郎」を置き、次に「力太郎」（「造形される桃太郎」の章、二八ページ参照）、「瓜姫」（「造形される桃太郎」二九ページ参照）、「子育て幽霊」「田螺息子」「一寸法師」（「造形される桃太郎」の章、二七ページ参照）というようにこれを示した。さらに「隣の寝太郎」「難題聟」から「天人女房」「鶴女房」

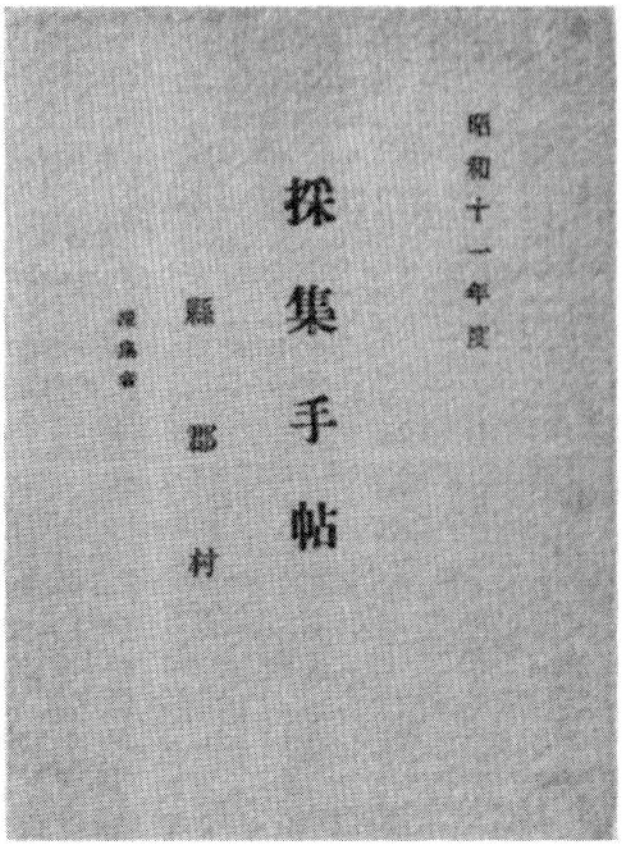

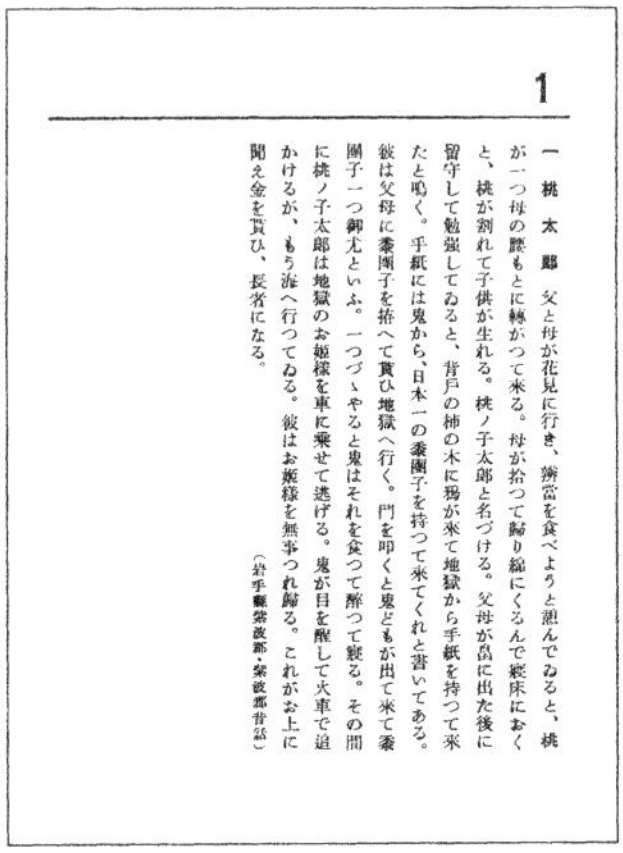
1

一　桃太郎　父と母が花見に行き、辨當を食べようと思んでゐると、桃が一つ母の膝もとに轉がつて來る。母が拾つて歸り綿にくるんで寢床におくと、桃が割れて子供が生れる。桃ノ子太郎と名づける。父母が島に出た後に留守して勉强してゐると、背戸の柿の木に鴉が來て地獄から手紙を持つて來たと鳴く。手紙には鬼から、日本一の黍團子を持つて來てくれと書いてある。彼は父母に黍團子を拵へて貰ひ地獄へ行く。門を叩くと鬼どもが出て來て黍團子一つ御尤といふ。一つづゝやると鬼はそれを食つて醉つて寢る。その間に桃ノ子太郎は地獄のお姫樣を車に乘せて逃げる。鬼が目を醒して火車で追かけるが、もう海へ行つてゐる。彼はお姫樣を無事つれ歸る。これがお上に聞え金を貰ひ、長者になる。

（岩手縣紫波郡・紫波郡昔話）

図3　採集手帖（右　表紙、左　桃太郎の話）

「狐女房」を経て、「竹伐爺」「鳥呑爺」「猿地蔵」、そして「猿と蟇」「猿と蟹」「かちかち山」を挙げている。動物同士の争いを主題とした話を終りの方に置いたわけである。末尾の一〇〇番には「果てなし話」を据えて、全体の構成を締め括っている。個々の話の内容や立場を仔細に検討すればそれらは互いに連繫、連環しながら結果的にはそれぞれが各所に占める〝話の位置〟を与えられた仕組みになる。資料採集者に話の位置の自覚を促す仕掛けであったといってもよい。その一方で、昔話は相互に連立、連帯し得るというような機能性を導き出す仕様にもなっていた。

　しかし、小さなこの『手帖』に込められた柳田國男の思念と構想は、それらを大きく上

人生儀礼—通過儀礼—

人の一生＝メルヘン

成人社会←

小さ子の誕生 異常出生	**桃太郎**・瓜子織姫・竹姫（赫夜姫）・一寸法師・五分次郎 踵太郎・すねこ・たんぽこ・こんび太郎・田螺息子 蝸牛息子・蛞蝓息子
不思議な成長	
旅への出発 （世間に出る）	**（桃太郎**・一寸法師、その他）
危難との遭遇 受苦	継子いじめ
動物の援助	**犬・猿・雉**・猫・馬・鶏、鼠・小鳥・虻・蜂
（神仏の援助） 呪宝　呪具	
厄難の克服 富の獲得	**（鬼退治）**
美女・配偶者との巡り合い	**（桃太郎の花嫁）**
結婚への試練 （最大の危機）	難問・難題 美女奪還
幸福な結婚	ハッピーエンド

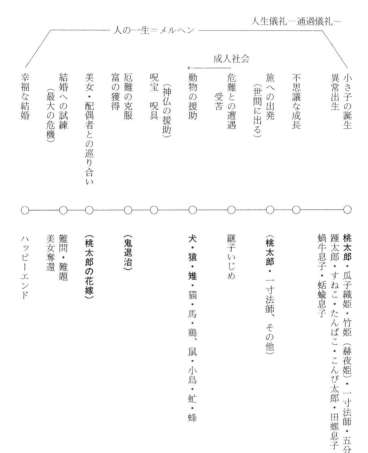

まわる内容にあったと判断しなければならない。彼が最終的に求めたのは、おそらくはそれがことごとく連鎖し、連環した挙句《あげく》、やがてはそこに招来される予定の、完結した昔話の小宇宙であり、それこそが柳田本来の欣求《ごんぐ》世界であったと思われるからである。数多くの昔話が相身互いに、寄合ったところにはじめて昔話独自の世界もしくは世界観が形成される。それは古くからこの国に語り伝えられてきた話である以上、そこには必ずやひとつひとつの昔話に憧憬、仮託された私どもの父祖の想いが深く秘められているに違いない。潜在する民俗のゆめが語られているに相違ない――。日本の昔話に向けて、柳田國男はそのように考えたのであろう。この考えを説きひろめるにあたり柳田は、遠大な計画と満を持しての周到な準備のもとに「桃太郎」を『採集手帖』の冒頭に提示するにいたる。民俗または民族の原点、あるいはその源流に「桃太郎」ならびに「桃太郎話」を見出したのである。これはすでに柳田國男自身の思想、もしくは哲学だと見做してもいっこうに差し支えあるまい。

　したがって、『昔話採集手帖』「一番」の「桃太郎」は、柳田の昔話研究における最も象徴的な存在であり、かつ具体的な手続きの端緒であったとみるべきである。桃太郎の誕生、すなわち、この水辺の〝小さ子〟の誕生と発見こそは、まさにこの国における民俗学の成立とその出立を約束するものであったからにほかならないからであった。

さてこれを承知したうえで、次に『採集手帖』の例を具体的に取り上げてみよう。このようになっている。

『採集手帖』の桃太郎

一　桃　太　郎　父と母が花見に行き、弁当を食べようと憩んでゐると、桃が一つ母の腰もとに転がつて来る。母が拾つて帰り綿にくるんで寝床におくと、桃が割れて子供が生れる。桃ノ子太郎と名づける。父母が畠に出た後に留守して勉強してゐると、背戸の柿の木に鴉《からす》が来て地獄から手紙を持つて来たと鳴く。手紙には鬼から、日本一の黍団子《きびだんご》を持つて来てくれと書いてある。彼は父母に黍団子を拵《こしら》へて貰ひ地獄へ行く。門を叩くと鬼どもが出て来て黍団子一つ御尤《ごもつとも》といふ。一つづゝやると鬼はそれを食つて酔つて寝る。その間に桃ノ子太郎は地獄のお姫様を車に乗せて逃げる。鬼が目を醒して火車で追かけるが、もう海へ行つてゐる。彼はお姫様を無事つれ帰る。これがお上に聞え金を貰ひ、長者になる。（岩手県紫波郡・紫波郡昔話）

例話の原拠は、佐々木喜善『紫波郡昔話』（大正十五年）所収「桃ノ子太郎」である。初出は雑誌『郷土研究』第四巻第九号（大正五年十二月）に報じた「陸中紫波地方の桃太郎」である。ただし、実質的な資料報告者は、同郡煙山村（現・矢巾町）在住の小笠原謙吉であった。

行きがかり上問うようになるが、どうであろう。仮にもいま、成城の柳田の書斎から届いた『採集手帖』を手にし、そしてやおら右の例に接したとき、人はいったい何を思うであろうか。前後に一行の説明もなく、しかもぶっつけこの話を前にして、それでもこれをわが国の「桃太郎」のマニュアルとして、何の抵抗もなく受け入れることができたであろうか。ここにいたるまで柳田のいくつかの昔話論に耳を傾け、またそこでの趣旨を理解するべく努めてきたとしても、いかんせん、のっけからこのような話を示され、そのうえで右にもとづいて、それぞれに話を聴き歩けとするのは、それはやはり無理ではなかったかと思わずにはいられない。なぜならば、ひとたびこれを規準にしたのでは、正直言って、調査に赴く側の者として、話自体にほとんど自信が持てなかったのではあるまいか。理由は、それまでに各自が経験的に学習してきた桃太郎話に比較して、そこではあまりに大きな懸隔が生じていたからである。それでなくとも、自分たちのまったく知らない話をいったいどのようにして聴き出すことができようか。加えていっそう具合いの悪いのは、この例話は完結した一編の昔話としては、内容的にいささか不備であった。話の筋がうまく通っていなかったといってよい。たとえば「父母が畠に出た後に留守して云々」のさき、

「手紙には鬼から、日本一の黍団子を持つて来てくれと書いてある」とするところがまず判らない。なぜ、鬼が桃太郎に向けて突然「黍団子」を要求するのか、そこがうまく解けない。まだある。「鬼が目を醒して火車で追かけるが、もう海へ行つてゐる」の、「もう海へ行つてゐる」の状況がこれまたよく判らない。

おそらくは、要約の仕方に問題があったのではあるまいか。そう思って原典の「桃ノ子太郎」に当ってみた。前の部分は「家の背戸の柿の木に鴉が飛んで来てついて、地獄から手紙を持つて来たと鳴いた。其《その》手紙には、鬼が日本一の黍団子を持つて来てくれろと謂《い》ふ文句が書いてあつた」が本来の文言である。大同小異、ニュアンスにさほど変わるところはない。ただ、後の場面はかなり違う。「桃ノ子太郎は大急ぎで地獄のお姫様を車に乗せて曳出した。其後で鬼どもが目を醒して火車に乗つて桃ノ子太郎を追ひかけたけれども、其時にはもう海の中に居たから火車では叶はなかつた」とある。これだとかの「もう海へ行つてゐる」の中身にいくぶんか見当がついてくる。そこで念のために、前記『郷土研究』の初出資料をみると、そうではない。

そこで桃太郎は御姫様を車に乗せて其所《そこ》を出た。鬼は目を覚《さ》まして火車《ひのくるま》に乗つて桃太郎の後を追つかけて来た。

桃太郎の車は海の上を走らせたが、鬼の車は火車なので仕方がなくて引返して往った。（傍点野村）

なんの事はない。これならばそれなりの理解はできる。要は、御姫様を連れ出した桃太郎の車は恙無《つつがな》く海の上を走った。しかるにこれを追い掛けて来た鬼どもの車は、地獄の火の車であったので、そうはいかない。彼らはやむなく追走を断念したというわけである。それならそれで最初からそのように書いてくれればよいのに、といった気持にならざるを得まい。「桃太郎」をなぜか「桃ノ子太郎」に改めるなど、結局は佐々木喜善の仕事そのものに手加減があったと判断される。それとともにもちろん、ここでの要約の仕方にも問題があった。それからして、こうしてみると、そもそもが話のこの部分は、どうしてどうして簡単には見過すことのできない内容にあったのが明らかになってくる。そこで、心掛けてこの辺りを修復するに、状況としては多分、まんまと姫を連れ出した主人公。一方、あくまでもそうはさせじと必死になって追い掛けてくる鬼どもといった展開で、一編の話としてはすこぶる逼迫した構図になってくる。いうなれば、主人公と鬼とは追いつ追われつの、手に汗握るスリリングな場面であったはずである。客観的にはすなわち、通常いうところの逃竄《とうざん》（走）譚《たん》の形式を踏んでいたと思われる。したがって、もっといえばこれはおそらくはいまも東北の地一帯でいうところの〝鬼むかし〟、いうなれば「鬼の子小綱」などに代表される「逃竄譚」系の話であったと思われる。しかるにそれがうまく盛り上がっていなかった。著しい省略が原因であったかと察せられる。

このようにして、後の箇所はそれなりに本来のありようへの修復の目処《めど》が立った。しかし前の部分は相変わらず、いまひとつ判然としない。それがためにそれはそれで後刻改めて解くことにして、ここでは確認のためにもう一度話の筋を追って整理し直しておきたい。おおよそ次のようになろうか。

① 桃の中から男の子が出生する。恙無く成育する。
② 主人公の元に地獄から手紙が届く。
③ それを受けて主人公は出立する。
④ 携えて来た黍団子で鬼どもを酔わせる。
⑤ 隙を見て囚われていた姫を救出する。
⑥ 相手は追跡して来たが途中で断念する。
⑦ 主人公は姫を連れて帰り、長者になる。

こうしてみると、この話は間違いなく完結し、しかも『遠野物語』で柳田のいう「コレデドンドハレ」、あるいは今日も広く越後の地でいうところの「いっちご・さっけ」、つまりは主人公の「一期栄えた」できちんと終結していたものと認められる。ハッピー・エンドの物語であった。

柳田の桃太郎話の選択

しかしそれにしても、柳田はどうしてこの話に着目したのだろうか。一見いかにも扱いづらく、しかも従来の桃太郎話に比較するに、際立って趣きの異なる紫波の「桃太郎」に惹かれたのだろうか。それには当然何か理由が無ければばならない。手順としては少々煩わしくなるかもしれない。必要上それを承知で、溯《さかのぼ》ってその点を検証してみたい。

手続きとして、そこにいたるまで桃太郎に向けて発してきた柳田の言辞を追ってみる。研究史上見逃せないのは、昭和五年（一九三〇）一月の桃太郎の会での講演「桃太郎の話の起源と発達」である。これはその後『桃太郎の誕生』一冊の冒頭を飾るようになった。そこでここでは、さきの例話に直接かかわりがあると認められる条を、そこから引き出してみたいと思う。私の判断する限り次の二ヵ所になる。すなわち、そこでの主人公の動向に関しては、

たとへば遠征の目的の如きも、日本の昔話の方はやはり単純化して居る。西洋の

「桃太郎」たちの大旅行は、必ずしも財宝を持つて還るといふ為ばかりで無かつた。寧《むし》ろそれを手段としてよき配偶者とよき家を得、更に佳き児を儲けて末永く栄えんとして居るのである。我々の側でも瓜子姫だけは、この幸福なる婚姻を以て結末として居るものがある（「造形される桃太郎」の章、一二九ページ参照）が、あちらでは男性の冒険者も、同じくその珍らしい宝物を持つて来て、終に王様の聟となつた話が多いのである。察するに近代の桃太郎は子供を主人公にしたといふよりも、寧ろ子供にのみ聴かせる話であつた為に、計画を以てこの重要なる妻覓《ま》ぎの一条を省いたのであつた。（傍点野村）

という具合いに解釈した。さらにこの一文をいっそう補うかのようにして、次のようにも述べている。

日本の小さ子説話が、最初小さな動物の形を以て出現した英雄を説き、又は奇怪なる妻問ひの成功を中心に展開して居るといふことは、それが右申す神人通婚の言ひ伝への、まだ固く信じられて居た時代に始まつて居る証拠として、我々に取つては可なり大切な要点であつた。然るに其点を所謂標準御伽の桃太郎のみが、何の考へも無く取除いてしまつて居たのである。（傍点野村）

『定本柳田國男集』第八巻に拠った。恣意的な引用によって、原文の趣旨を損うのを虞《おそ》れる。しかし、これによって少なくとも、わが国における桃太郎話に向けて、そのころの柳田はいったい何を求めていたのか。あるいはどのような筋立ての話を期待していたのか、それはおおよそ見当が付いてきたとしなければなるまい。確認するに、いつに柳田の欲していたのは、まずは旅の主人公が故郷に「財宝を持つて還」り、ついで「それを手段としてよき配偶者とよき家を得、更に佳き児を儲けて末永く栄え」た、つまりはさきにいった「一期栄えた」「ハッピー・エンド」の話であった。具体的には「この重要なる妻覓《ま》ぎの一条を省」く以前の、いうなれば「妻覓ぎの一条を」きちんと備えていた桃太郎話であったのである。したがって、ひとたびそこでの判断にもとづけば「然るに」「所謂標準御伽の桃太郎のみが」「この重要なる妻覓ぎの一条を」「何の考へも無く取除いてしまつて居た」ことになる。要は桃太郎の「妻問ひの成功」を「省いたのであつた」とする経緯になる。そういった理解と認識に立っていた。

妻覓ぎの桃太郎

さすれば、これに及んで話はようやく明らかになってきた。すなわちそもそもが、そこでの基本的な理念として、久しく柳田國男が訊ねていたのは、ひとえに〝「妻の覓ぎの一条」〟、もしくは「妻問ひの成功」を充分に満たしている桃太郎〟という点にあった。それが本来的に柳田の望む桃太郎であり、冀求《ききゅう》する理想の桃太郎話であったのである。それを思えば『紫波郡昔話』所収の一話が、どうしてここに登用されるにいたったのか、それのもつ意味はもはや明白になったはずである。ただ問題は、それがはたして妥当、適切であったかであるが、それはそれでまったく別の話題になってくる。

話は迂遠になった。しかしこうしてみると、さきほど来の積み残しの宿題の一つは、どうやらこれも解きほぐす糸口を見出すのが叶えられたように思われる。いま、ここまでの展開に沿ってこれをいえば、次のようになろうか。

一、紫波の「桃太郎」は紛れもなく妻覓ぎの条を備えている。

一、これがために、それは「所謂標準御伽」以前の姿を留めていると、判断した。

一、桃太郎の妻覓ぎがあるということは、その相手のお姫様は、いずれ桃太郎の結婚相手、要は彼の花嫁候補であるということを意味する。

そこで、ここから反転して窺うに、結局は、

一、地獄の鬼に囚われていたお姫様とは、ゆくゆくは桃太郎の花嫁になるはずの人、要は彼の婚約者とか恋人、つまりはすでにお互いが言い交わした仲の女性であった。

一、それからして、地獄から救いを求める手紙を差し出したのは、実はそのお姫様自身であった。

とする推察に辿り着く。

理想的な桃太郎

したがって、仮にもいま、そうした順序を踏んで考えれば、さきに整理した②の具体的な中身は、大要次のような事情の下にあったのであろう。つまりは、

たまたま何かの事件に巻き込まれて、鬼どもに攫われたお姫様が、地獄に囚われの身になる。姫は周囲の目を盗んで〃黍団子〃を求める救いの手紙を書く。それを鴉に持たせて桃太郎の処に送り届けた。

このようになるはずである。この際一言添えれば、その「黍団子」には元来鬼どもを眠らせる仕掛けがなされていたのであろう。『酒呑童子』にみえる「神変鬼毒酒」と同様の秘めた力を擁していたというわけである。それはともかくも、さきに一度、右の話を評して「省略が著しい」と記したのは、そうした事情を含めて、そういったのである。

こうしてみると、いったん柳田國男の想到したわが国の桃太郎話は、まことに筋書きの整った中身でなければならなかった。繰り返し説かれるように、そこには何よりもまず花

嫁候補、もしくは婚約者とも目せる好ましくも麗わしい相手の存在する桃太郎でなければならなかった。そうだとすれば、それは自他ともに認める一人前の成人男子としての主人公でなければならない。本書の冒頭では古都洛陽の桃太郎像をして「ふっくらとした面立ちの好青年」と評した。ついで講談社絵本の斉藤五百枝《いほえ》の画をして「凜々しい若武者」振りといったが、実際そうでなければならなかったのである。ひっきょうするに、それこそが柳田の理想とする桃太郎、まさにあらまほしき桃太郎であったのである。そしてそれは終極、理想の男の子、いうなれば私ども日本人ひとりひとりにとっても、かくありたき人生の最も象徴的な存在としての桃太郎像であったのである。

記号としての命名

以上、いろいろといったところで、改めてここに問うようになる。

さて、それならば紫波郡のこの一話を示すことによって、柳田の願いは叶えられ、そこでの深い想いは無事達せられたであろうか。しかして残念ながら結果はまったくそうではなかったであろうと、私は推察している。久しきにわたる理念と希望のもとに折角この話を選択しながら、柳田の抱負《ゆめ》は依然として保留されたままであったと思われる。理由は案外はっきりしている。話は結局は「所謂標準御伽」以前のそれではなくして、その地における〝鬼むかし〟の一種であり、そこでの主人公は何もそれが「桃太郎」でなくてもよかった。すなわち、すでにみてきたように「桃ノ子太郎」でもあっても いっこうに差し支えなかった、ということは、何を隠そう、理屈としては「地獄の鬼ども」に立ち向う勇者として、その名には単に「桃太郎」がふさわしかっただけであった。話本来の筋に直接関係なく「桃太郎」は後付けの理由から添えられた、いわば単なる記号としての命名に過ぎなかったと考えられるからである。

東日本の桃太郎

東北の異文化折衝

釈然としない柳田

おそらくは、話を選んだあとも、柳田國男は相変わらず釈然としなかったのではなかろうか。そしてしばらくは、ここにひどくこだわっていたようである。たとえば、昭和十一年（一九三六）六月、雑誌『昔話研究』第二巻第二号所載「八戸地方の昔話」の「序言」に、

一、八戸市から出る『奥南新報』に、昭和四年以後掲載せられた昔話を、試みに自分の分類案によつて輯録して見る。

一、題名の下の数字は掲載紙の発行日附である。

一、題名は統一の為に我々の使ふものに改めたのもある。其場合には元の見出しを本

文の中に掲げる。

とした後、最後の項目には、

一、自分の大事にして居た切抜には少々の脱漏がある。殊に「桃太郎」と「瓜子姫」の一つとが、見当らぬのは遺憾である。保存して居る人があつたなら後で補充して置きたい。

とわざわざ断わっていた。しかし「瓜子姫」（二九ページ参照）はともかくも、「桃太郎」に関してすれば、これは明らかに彼の思い違いである。何かの間違いであろう。参考までにいえば、昭和十一年六月以前の『奥南新報』にその地の「桃太郎」が報告された形跡はまったくない。のみならず、昭和十六年十月十五日付の終刊にいたるまで、「桃太郎」「桃ノ子太郎」の類は一切掲載された記録はない。ここに柳田のいう「自分の大事にして居た切抜」を中心に、その前後の事実関係について、すでに私は「柳田國男と『村の話』――昔話研究への出立――」（『昔話――研究と資料――』二四号）、「柳田國男の昔話研究――スクラップ・ブック『村の話を巡って』――」（『遠野物語研究』創刊号）に述べたので繰返さない。念のために記せば、そうした事情を知るには平成十年三月、『青森県史叢書』として、県史編さん室から刊行をみた『奥南新報「村の話」集成上下』二巻がきわめて有効である。わけても、そこでの佐々木達司の「昔話研究における『村の話』の役割」と、次の「題名・報告者名等一覧」によって、それらの疑念は一掃されるかと思われる。

こうしてみると、柳田はいつまでも東北の地における桃太郎に蟠《わだかま》り、かつ果てしない幻想を抱いていたような気がしてならない。何がいったいこうまでも彼をして満足させず、もどかしく思わせていたのだろうか。実際また、そこでのありようはどうであったのだろうか。それでなくともこの事に関して、土地の識者たちはそのころどのような感想を抱いていたのであろうか、これはあくまでも一つの例に過ぎない。

藤原相之助の桃太郎

しかし、それでも仙台在住の藤原相之助には次の一文があった。前記『昔話研究』第二巻第二号所載「昔話の思ひ出」の中の一節である。藤原はそこではまず「私の祖母は文政四年生れで明治四十一年には八十七歳で没したが、私の十歳位の頃まで、祖母の生れた実家には祖母の母、即ち私に取ての曾祖母も健在だつた。（中略）しかし私の祖母は、おれの昔話は母から覚えたのではない、祖母から聞かされたのだと云て居た。して見ると昔話といふものは親から子に伝はるよりも、一代隔てゝ祖父母から孫に伝はることが多いものかも知れない」とした。そのうえで祖母から聴いた「ウル姫子」（瓜子姫）を紹介し、ついでお国浄瑠璃《じようるり》や早物語の語り手、さらには

「身過ぎ世過ぎの旅に一所不在の日を送る」芸能の徒の実態を述べたあと、近辺にあった桃太郎に向けてはかなり具体的に記していた。いくぶん長くなるが引いてみたい。

田舎の旧家などには、ボロ〳〵になつた塵功《じんこう》（劫）記《き》や大雑書《おおざつしょ》の頁の間から、お伽本の紙片を見出すことが珍らしくない。大分漫患した木版を粗悪な紙に摺つたもので、平仮名の絵解きがついてる。私の見たのは桃太郎の残片であつた。一体私の生れた地方には昔から桃太郎の昔話はなかつたやうで、私なども十三四歳になつてから、明治時代の彩色絵入本で知つたのであるが、此ボロ〳〵の残片は、明治時代の桃太郎とも違つたものであつた。婆が川辺に蹲《うずくま》つてるところに、桃の流れ来る絵、それに「やれよいもゝかな、も一つながれてこいちゝにおませう」とある。其頃の私には「おませう」が解らない。いろ〳〵考へて、呑ませうといふことだらうと思つた。さうすると「ちゝ」は乳「なかれて」は泣かれてかとも思つた。それにしても、意味は通じないけれど「流《なが》れて」「爺《ぢゝ》」とは気がつかない。先生に聞いて見ると「おませう」とは「産ませる」ことだ、ソレ桃から生れた桃太郎といふではないかと教へられて、解つたやうな気もしたが、しかし次の絵解きによると、桃太郎は桃から生れるのではなく、桃を食つた婆さんから生れるのである。とう〳〵解らずじまひになつたが、後年清元《きよもと》の再春菘種蒔《またくるはるすずなのたねまき》の文句〽二上り欲《ほ》しか合おませうぞ一枝折りて、そりや誰に合いとし女郎衆のかざしの花に、ホウヤレ」のおませうを聞いて、昔の桃太郎絵解きを思ひ出したことであつた。

という。

桃太郎話の東漸北上

そのあと、藤原はいっそうその辺りの事情を説いて、

私の地方では、まだ英雄桃太郎の誕生とはならなかつた。しかし北陸から出羽の沿岸方面にかけては、もう桃太郎が出現して、猿の本拠たる猿ヶ島に向つて膺懲《ようちよう》の師を向けて居る。

と述べていた。「一体私の生まれた地方には昔から桃太郎の昔話はなかつたやうで」の一行は

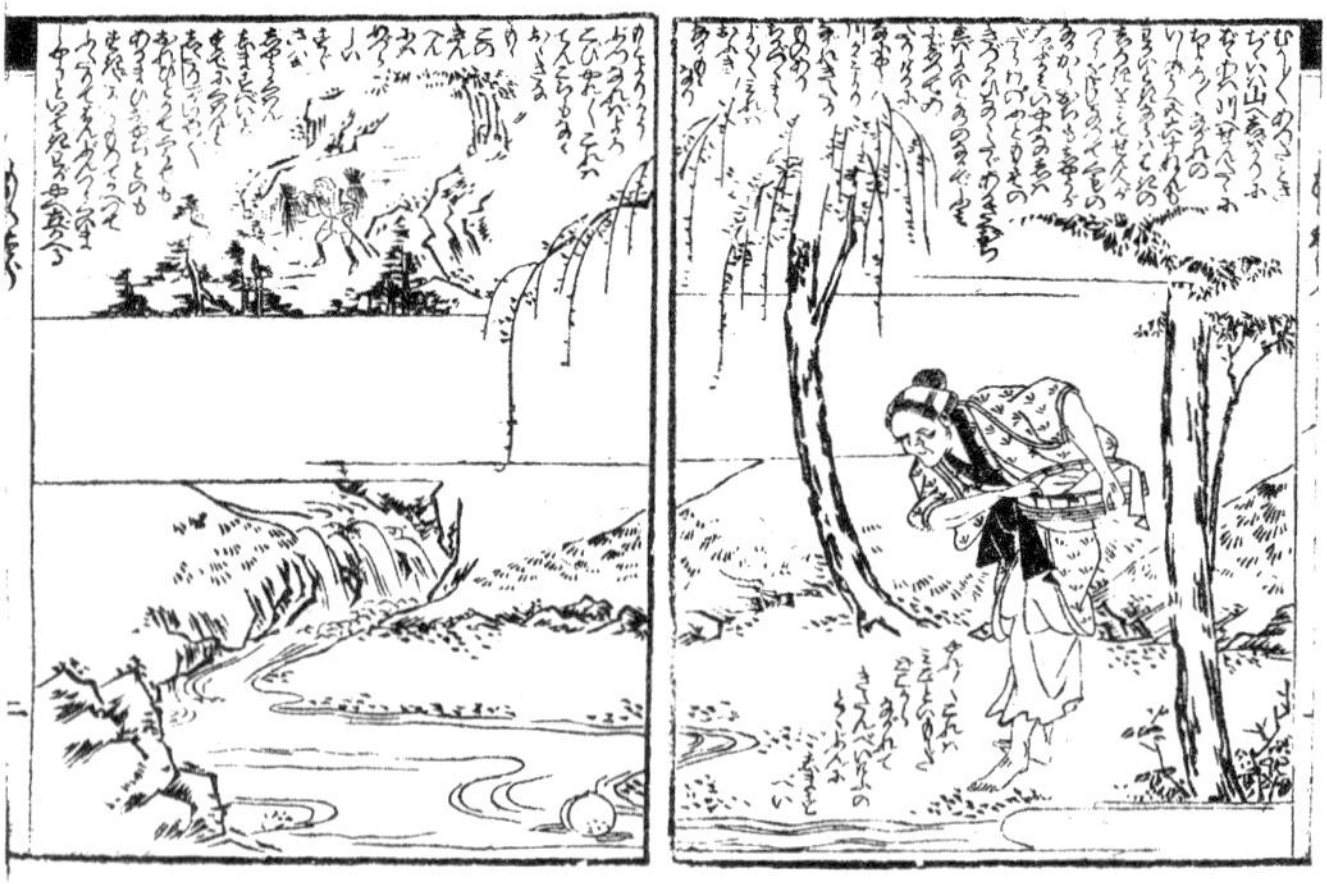

図4　黄表紙『昔し桃太郎』（川に桃が流れてくる場面）

見逃せない。こうしてみると問わず語りにも東北の地、わけても太平洋側の地一帯におけるこの種の話の不在を訴えていた。しかもそれにさきがけては「文政四年生れ」の祖母の「昔話の思ひ出」を綴り、その「祖母は、おれの昔話は母から覚えたのではない、祖母から聞かされたのだ」としている。それからして、ここでの藤原の言は大要「文政四年生れ」の「私の祖母」、そしてその祖母が「祖母から聞かされた」話の中にも、現に自分の記憶している「ウル姫子」はあっても、「桃太郎」はついぞなかったとする文脈の強調に繋ってくる。そのうえでなおこれに関しては、「しかし北陸から出羽の沿岸方面にかけては、もう桃太郎が出現して」いた、という。したがって、ここでの論旨は、事、「桃太郎話」の有無に関していえば、それにはあくまでも日本海沿岸が有力であり、そこでは漸次海岸線沿いに西から北上して、ようやく東北に辿り着いたのであろうという経過を彼は訴えていたのである。そしてもしもこうした言辞を尊重するならば、ひとたびここにみえる藤原相之助の文章は、多分に重要な問題を投げかけていたと、判断しうる。すなわち、これは東北の地に向けての、桃太郎話の東漸北上といった新たな事態を予測する発言であり、片や当の東北にとっては、まさに目新しい話柄、もしくは新鮮な話題としての桃太郎話の受容・享受といった、いわば民間説話内での異文化折衝という一つの事件を惹起していたと考えられるからである。

これからして、右に認められる藤原相之助の物言いは、何代にもわたる在地の、しかもそれに通暁した人の意見として、等閑《なおざり》にすることは決してできまい。しかして、客観的状況としてははたしてどうであったのだろうか。たとえば信頼するに足る資料として、その後この手の話が公けにされたのは、前記小笠原謙吉の『紫波郡昔話集』（昭和十七年十二月）所収の「桃の子太郎さん」であった。参考までに掲げてみる。

「桃の子太郎さん」

昔あつたぢもな。爺ナと婆ナはあつて爺ナは山さ行《え》ぎ、婆ナは洗濯に川さ行ぐど、桃こは一つチンブリ・カンブリと流れで来たがら、婆ナはそれを拾つて来て、戸棚さ入れで置いだらば、爺ナは山がら薪を取つて帰つて来たので、爺ナシ〳〵戸棚さ桃こを入れで置いだがらあがつてございといふと、爺ナは戸棚を開げで見ると、めごい（可愛）男ボツコ（赤坊）は生れでれ、ホホギヤ〳〵とないで居だので、桃こがら生れだのだがら桃の子太郎とつけで育でゝ居たらば、其桃の子太郎は大きぐなつて婆ナさ鬼ケ島を征伐さ行ぐがらきみ（黍）団子をこさへでけろと言つて、黍団子をこさへて貰ひ、それを腰さ提げで爺ナに常口《じようぐち》（前の道）まで送られで出かけると、途中に犬は待て居で、桃の子太郎さん、桃の子太郎さん鬼ケ島さお供をするがら、腰のきみ団子を下さいといふので、桃の子太郎は早速腰からきみ団子を取出してけで家来《けらい》にし、又行ぐど今度は雉は飛んで来て桃の子太郎さん、桃の子太郎さん、鬼ケ島さお供をするがら腰のきみ団子を下さいといふがら、桃の子太郎は腰がらきみ団子を取出してけで家来にし、又行ぐど次には猿は山がら出で来て、桃の子太郎さん、桃の子太郎さん、鬼ケ島さお供をするがら腰のきみ団子を下さいといふので、桃の子太郎は腰がらきみ団子を取出して、それにもけで家来にして、いよ〱桃の子太郎は鬼ケ島さ漕で行ぎ鬼を征伐すると、鬼ケ城には鉄の門はあつて、そごを鉄の棒を持つて赤鬼・青鬼は堅ぐ守つて居だので、先づ犬と猿とは其鬼共さはねかゝり、雉は飛んで城の内さ入り、鉄の門を開いだがら、鬼共は退治されで降参して、城の内にある宝物を鉄の車さつけで、家さ持つて来て、爺ナを喜ばせだとさ。どつとはらい。

「参考までに掲げてみる」とはいってみたものの、何の変哲もない話である。残念にもこれでは何の「参考」にもなりそうにない。ただ気になるのは、柳田國男編『全国昔話記録』の一冊として上梓されるに際して、当の柳田自身がこの話をどのように評価し、かつまた例の『採集手帖』第一番の「桃太郎」との関連で、この「桃の子太郎さん」をどう見傚していたかである。ただし、それについて彼はその一切を不問に付していて、測る手掛りは何もない。

未公開の桃太郎

ただし、ここで私はそのころすでに柳田國男の手元にあったにもかかわらず、それでいて現在にいたるまで遂に公けにされる機会のなかった福島県下の「桃太郎」を一つ紹介してみたいと思う。資料は田村郡小野新町の「村上光平」が柳田のところに送り届けたものである。

福島県の桃太郎

ザット昔、アッタード、爺サマト婆サマト　アッタード、アル日、爺サマハ　山サ柴カリニ行ッタド、婆サマハ　川サ洗濯ニ行ッタード、ソシタラ　向フノ方カラ　青イ桃ト赤イ桃カ流レテ来タード、婆サマハソレヲ見テ「赤イモンモ　コッチャーコ　青イモンモ　アッチャイゲ」ト　ユッタード、ソシタラ　ダン〳〵近ヨッテ来タ桃ヲ

シラッテ　ソシテ　ヨロコンデ　家サ　帰ッテ来テ　爺サマノ帰ッテ来《ク》ンノヲ　待ッテタード　ソシタラ　ヤガーテ　爺サマガ　シバヲヨッチ〳〵シヨッテ　帰ッテキタード

　婆サマハ「ヤレヤレ　ナンボカ　コワガッタッペー」ト　ユイナガラ「サッキ　川カラ　コンナ　オッキモンモヲシラッテ来タカラ　早クキッテタベベー」ト　モンモヲ出シタード、爺サマワ「ヤレヤレ　オッキモンモダ　ハヤグキッテタベベ」トイフノデ　婆サマハ　オッキ　ホイヂョ　デ　ワッタード、ソシタラ　中カラ　メンゴイ男ヤヤガ出ダノデ　婆サマモ爺サマモ　大ヨロコビデ「モモノ中カラ出ダカラ　モモ太郎　ド　ツケッペ」ト　ユッテ　桃太郎　ト　ツケダード、

　ソシテ　爺サマト婆サマト　メンゴガッテ　ソダデダート　ソノウチニ　桃太郎ワダン〳〵オッキクナッテ　ワンパク　バカリシテ　アッチノイヘ　カラモ　コッチノ家カラモ　ツケコマレ　テ　コマッチマッテ　爺サマト婆サマワ「ソンナニ　ワンパク　バカリ　シンダラ　鬼ガ島ノ鬼タンジサ　行ッテコ　鬼タイジ　出来ネエケレバイエサ　ヨセネーゾ」ト　ユッタモンダカラ　桃太郎ハ　シカタナシニ　行グッテユッタード　ソシタラ　爺サマト婆サマワ「ソンジャ　キミダンゴ　コセエテクレッカ

ラ　ソレヲモッテイゲ」ト　ユッテモタセテヤッタード　ソシテ　桃太郎ワ　日本一ノ旗ヲ立テテ　キミダンゴヲ腰ニサゲテ　行ッタード

　ムコーノ方カラ　犬ガ　来タード「桃太郎サン〳〵ドッチサ　イギマス」「オレワ鬼ガ島ニ鬼タイヂニ」「オコシニツケタモノハナンデスカ」「コレハ日本一ノキミダンゴ　一ツクエバ　ウマイモノ　二ツクヘバ　シゲノヌケルモノ　三ツクヘバ　ベロノヌケルモノ」「一ツクダサイオトモヲシマス」ト　キミダンゴ　ヲ　モラッテ　ケライニナッテ　行ッタード　ソシタラ　向フノ方カラ　猿ガ来テ　マタ　メエノヨーナコトヲユッテ　キミダンゴヲ一ツモライ　オトモヲシタード　ソースット　マタ　向フノ方カラ　ケンケン〳〵〳〵ト雉ガトンデ来テ　マタ　メエーヨーニ　キミダンゴヲ　一ツモラッテ　オ供ヲシテ　鬼ガ島サ行ッタード

　鬼ガ島ハ　ケワシイ　山デ　赤イ大《オッ》キイ門ガメータード　桃太郎ハ　オーイキマデ鬼ガ島ニツイタード　ソイカラ雉ワケン〳〵ト　トンデ　門ノウシロカラ　カギヲボッコワシテ門ヲアケタード「サーモモ太郎サン　オ通リ下サイ」ト　桃太郎ハ家来ノモノドモヲツレテ　鬼ガ島ニノリコンデ　鬼ノネテイル　アタマヲ　犬ガワン〳〵クワヅキ　雉ハ　ケン〳〵ツヅイテ　鬼ハトートーコーサンシテ「桃太郎サン〳〵　タ

カラモノワミンナアゲマスカラ　カンベン　シテ下サイ」ト云フテ　宝物ヲシッカリ出シタモンダカラ　桃太郎ハ　オホヨロコビデ　ソノ宝物ヲ車サツケテ　猿ニヒカセテ　犬ワ　アトオシ　雉ハツナヒキ　大ヨロコビデ　家サ帰ッテ来タード
　ソシテ爺サマト婆サマワ　大ヨロコビデ　アンラクニ　暮シタード、アドネード

桃太郎と一寸法師

　一見するに、これとてもさきの小笠原の話とは大同小異、内容的にはさして変わるところはないではないか、そう判断する向きは多いかもしれない。しかし、それは違う。ひょっとするとこの一話は、そのころの東北の地の桃太郎に関しては意外にも大切な条件をきちんと伝えていたのではなかったのだろうかと私は思う。それはほかでもない。少なくともこの話は「ソノウチニ　桃太郎ワ　ダン〱オッキクナッテ　ワンパク　バカリシテ　アッチノイヘ　カラモ　コッチノ家カラモ　ツケコマレ　テ　コマッチマッテ」とする語り口を擁しているからである。爺さまと婆さまが大事に育ててきた子供が、あろうことか、大きくなるにつれて、並外れての腕白で手のつけようがない。近所迷惑もはなはだしく、爺婆二人の期待を大きく裏切って、周囲の目に余る乱暴者、いうなれば常識はずれの強《ごう》の者であったとする成り行きにあった。これがため、始末に困った爺婆は「ソンナニ　ワンパク　バカリ　シンダラ」といって、はては

この子を追い出してしまった。こうなると、必定ここに思い付くのは『お伽草子』の「一寸法師」（「造形される桃太郎」の章、二七ページの一寸法師も参照）のありようである。そこでの主人公といえば、すなわち、

つく〴〵と思ひけるは、ただ者にてはあらざれ、ただ化物風情《ばけものふぜい》にてこそ候へ。われらいかなる罪の報《むくひ》にて、かやうの者をば、住吉《すみよし》より給はりたるぞや、あさましさよと、みるめもふびんなり。夫婦思ひけるやうは、あの一寸法師めを、何方《いづかた》へもやらばやと思ひけると申せば、やがて一寸法師此《この》よし承り、親にもかやうに思はるるも、口惜《くちを》しき次第かな、何方《いづかた》へも行かばやと思ひ、刀なくてはいかがと思ひ、針を一つうばに請《こ》ひ給へば（岩波文庫本）

とある。こうしてみると、福島は小野新町に語られる「桃太郎」は、基本的にはかの「一寸法師」の叙述に変わるところはなかったのではなかろうか。だいいち、そこでの「桃太郎ハ　シカタナシニ　行グッテ　ユッタード　ソシタラ　爺サマト婆サマワ」「ソンジャキミダンゴ　コセエテクレッカラ」といった調子で、つまりは「針」の代わりにここでは「キミダンゴ」を「モタセテヤッタード」というのである。確認するにそこでの「桃太郎」は「化物風情」とまではまあ、行かなかったにしても、「あの一寸法師め」と思われるに

ほぼ近く、結局は「何方へもやらばや」といった塩梅《あんばい》で、「鬼ガ島ノ鬼タイジサ　行ッテコ　鬼タイジ　出来ネエケレバ　イエサ　ヨセネーゾ」という具合いに引導を渡されていた。つまりは「親にもかやうに思はるるも、口惜しき次第かな」といった状況の下、やむなく一人「鬼ガ島」に出掛けたのである。

さき廻わりをしていうわけでは決してない。何も『お伽草子』の作品と比較することによって、ひとたびは小野新町の「桃太郎」に古風の残像があるなどと強弁するつもりはまったくない。ただし、その間、こうした語り口によって、そこでの桃太郎は平板でありきたりな話の主人公から、ここにはじめて独創的な人間造型を遂げて、一人の人間としてたしかな存在感を示し得たのではなかろうか。のみならず、その主人公が「ワンパク　バカリ」する持て余し者、手に余る乱暴者であったとするこの設定の仕様は、併せてまことに重要な話の要素を示すものであった。なぜならば、実はこうした条件を如実に訴える類話は、いまも西日本を中心に圧倒的な発達をみせており、そしてそれはそのまま「桃太郎力持ち」といった風の、伝統的なこの手の話のモチーフに直接重なって行くと理解し得るからにほかならない。したがって、この件に関してはいずれ章を改めたうえで集中して扱う段取りになる。

話はいささか細部にわたったかもしれない。しかし、いったんこのように指摘してみれば、それはやはり紫波の「桃の子太郎さん」に比べてこちらは余程参考になるかと思われるのであった。もっとも原稿自体時日が経ってしまったので、あまりよくは見えないが、それでも欄外には「宿屋の主人」とある。送付者の村上が「宿屋の主人」から聴き取った話なのか、それとも本人自身を指すのか、判然としない。ただ、他のいくつかの例から推して、おそらくは後者の意かと察せられる。村上からの報告は別に「猿地蔵」「ミナミ山の馬鹿聟」がある。後の原稿には題の上に小さく「東山西山アレド南山ナシ」と記してある。それはともかくも、福島は浜通りからのこうした資料から見る限り、当時柳田の期待した東日本の「桃太郎」は、彼が好むと好まざるとにかかわらず、とりあえずはこうした状況にあったのだけはまず間違いないようである。

柳田の手元の未公開資料

さてそれにつけても、右の記述ではすでに「そのころ」「柳田國男の手元にあったにもかかわらず、それでいて遂に公けにされる機会」は無かったとし、さらには「時日が経ってしまった」とか、また「他のいくつかの例」などともいってきた。そこでこの際、やや異例の趣きになるが、それを承知で以下、それらの文言を補うに足るその種の資料についてしばらく触れてみたい。

右の「村上光平」の原稿に関して記した「そのころ」とは、昭和五年にはじまって、実質昭和十三、四年にいたるまでの時期をいう。溯っておよそ七〇年程前のことである。いまそれを具体的に証し得る材料を示してみる。たとえば、それらの中でも日付がはっきりしていて、最も古いと目されるのは柳田自身の手で「播州栗賀」と註記され、事実「神崎郡粟賀村役場」の名入り用箋を使用している藤本政治の原稿である。「昭和五年四月十六日」とある。次は「昔噺原稿」と題して、そこに「屁ひり爺」その他三編を送っていた「岡山市門田屋敷九二」の桂又三郎である。ここには「昭和五年八月十五日夜」とある。続いて「同五年九月十九日、雨の日　稿」の、神奈川県津久井郡内郷村の鈴木重光の資料がある。鈴木の原稿には「附記　これ等は去る大正十年八十歳の高齢で他界した母が、私の幼い時寝物語りにして呉れたものゝ一部です。朧《おぼろ》げに残つて居る記憶を辿つて漸く筆にして見ました。書きゆくうちに、慈愛深かつた亡き母のことがしのばれて、殊に懐旧の情、切なるものがあります」とある。年が変わったところでは、内田武志のものがある。「五月七日」とのみ記されている。参考までに全文を示してみる。

拝啓　此のたびの旅と伝説にお久振りに先生の御説を拝見致しまして、大変嬉しう御座いました。成るべく御説の通りに採集致さうと存じます。

私達の聴きました昔話の初めは、「昔あったどしェァ」で初り、結末は「どっとはれェァ」で終りました。そして聴者は一句毎に、「はー」と云ふのでした。又うるさく昔話をせがむと、こんな話もされました。「昔ァむんちけで話ァはんちけで。どっとはれァ。」

「昔あったどしェァ。或どごに蟻こァ一升。行《え》ぐどごに蝦《えび》こァ一升。来るどごに栗こァ一升あったけど。どっとはれェァ。」

最近、母に「鼠の国」の違ふ話を一つ聴きました。中途を失念致しました相で、完全なものでは御座いませんが、御参考迄に御送り申上げます。まだ叔母や母から聴きましたのが、数篇御座います。これはいづれ其の内に御送り申上げ御覧に入れることに致します。

次に御掲載下さいました鹿角郡昔話の中にあります会話中の「……べー。」は、全部「べし。」の誤植で御座います。「祭見に行ぐべー。」と云ひますと、「祭を見に行くでせう。」と云ふ推量、又は念を推す時の語になりまして、「しませう。」「しよう。」と云ふ時には、「べし」と申します。既に御承知で居らつしやるとは存じますが、ちよつと気附きました儘、申上げるので御座います。

時々蒲原様を御訪ね致しますが、いつも御達者で、御出でになります。

敬具

五月七日　　内田武志

柳田國男先生

内田の一文をここに比定したのは「御掲載下さいました鹿角郡昔話の中に云々」とあるからである。この「鹿角郡昔話」は、雑誌『旅と伝説』第四巻第四号、昭和六年四月号が「柳田國男特輯」として「昔話号」を刊行しており、その中に内田の「鹿角郡昔話五篇」が採択されていたからである。直ちにそれを受けての「五月七日」と、判断した。次に儀貝勇の文がある。「五月十八日」とある。

御葉書辱く拝見いたしました。御来広の折には遥に先生の御高説を承りました。

先日報告いたしました、昔話の結語の中、広島県山県郡都谷村に言はれてゐる「けつちりよ」は「けつちりこ」の誤であつた事を訂正いたします。尚、山県郡中野村、同郡八重町、同郡吉坂村には

「もうし昔、けつちりこ」

と謂つてゐる事を採集いたしました。安佐郡戸山村に謂はれてゐる
「かつちりこ」

も勿論之等と同系である事は申すまでもないと思つてゐます。

又比婆郡（広島県東北部、備後国に属します）一帯に謂はれてゐる結語に、

「昔こつぷり　どじよう《（泥鰌）》の目」

といふのがある事を御報告いたします。

次にこれは広島県下ではありませんが　山口県須佐（長門国）にある結語に
「もうしべつたり　味噌のふた」

いふ奴がある事を知りました。以前の報告の中にある広島市仁保町の結語に単に
「もうしべつたり」

といはれてゐるのとを考へて此言葉の分布が他にもまだある様に思はれてなりません。

　先生の御教示を待つ事にいたします。

　では今日もたゞ二三の報告にとゞめてペンを措きます。季節の交、先生の御自愛を
祈ります。

不一

五月十八日

磯　貝　　勇

柳田先生

机下

これをここに置いたのは、近時刊行をみた『柳田國男事典』の「年譜」に昭和六年「五月九日広島市で方言学会出席『方言について』講演」とあるからである。磯貝の「御来広の折云々」の条をこれに比定した。さきの内田が昔話の語り始めの句、ならびに結句について報じたのと同じく、磯貝もまたそれの状況を詳しく記している。前提として当然、それらに向けての柳田からの問い合わせがあらかじめあったからであろう。なお、広島の磯貝に関しては後刻「西日本の桃太郎」で再度触れる。

不適当な応募原稿

ところで、これまでに名前を挙げてきた村上光平、藤本政治、桂又三郎をはじめ、鈴木重光、内田武志、磯貝勇といった、これらの人びとの報じた昔話、ならびにそこでの報告資料の内容は、そのいずれもが今日まで陽の目を見ることなく、不本意にも忘れ去られたまま七〇年に近い日々を経てきた。ただし溯ってすれば、その事について検証し得るのは、おそらくは次の柳田國男の文章の一節ではないかと思われる。『定本26』所収「日本の昔話　昭和三十五年版の序」の中で、彼はこのように記していた。

この手帖（『昔話採集手帖』）よりは数年前、「旅と伝説」といふよく売れた雑誌に、二回にわたつて昔話の特集号を出してもらつて、全国の読者からその土地の昔話を募集して見た。その応募者には若干の知人もまじつてゐて、とにかく一冊の大部分を占めるほどの寄稿が得られ、まだたくさんの不適当なものを残した。昭和六年の第四巻の四号には、「昔話採集の栞」といふ文を添へて、それが本になつて今残つてゐるが、この時はこれといふ意外な経験もなく、むしろ新たなる地方学者の熱意を高め得たと思ふ。それから三年目の昭和九年十二月号の方には、応募者に新人の顔ぶれもあつた代りに、ちつとも採集でない新作品で、しかも共産主義の教育を念じた民話もまじつてゐた。かねて風説としては聴いてゐたが、あるいはその方式には系統があって、こちらにも早すでに入つて来たのかと、測らずも大切な経験を得たことであつた。文芸にこの程度の活用があつても、それは各人の自由であらうが、われ〳〵の目的はどこまでも史学の探究であるから、昔話を知りたいといふ者に、虚偽の事柄を教へようとするのは、よくないことだと警戒することにした。

こうしてみると、巡り巡って、現在手元に在るこれらの資料群は、どうやらそのころ、柳田が「まだたくさんの不適当」と認めて「残した」応募原稿の類いや、それに伴う報告、さらには書簡類ではないかと判断し得る。事実そこには「若干の知人もまじつてゐて」の言辞通り、他に岩倉市郎、杉原丈夫、加藤嘉一、小寺融吉、小林存、清野久雄、西谷勝也、能田太郎、野口正義、早川孝太郎、三田村耕治、武藤鉄城といった人びとからの報告がある。この中、ことに岩倉の原稿は『加無波良夜譚』に縁の深い新潟県見附市下からの調査報告である。表題には「蒲原昔話目録」とある。話の題名とその語り手、採集地、ならびに概要が書き込まれている。数は二五二話。昭和七年一月二十七日から三月八日にわたる採集活動であった。これについては昨春、その一端を『新潟日報』（三月一日付）に示した。なおこれの後も「昭和十年五月十八日、山口県大島郡西方村長崎　田村豊吉」、同「八月二十七日採録　鹿児島県囎唹《そお》郡大崎村字假宿　森ハルカ　七十二才」と記した「山崎秀一の日当山侏儒どん話」など、そこでの内容はいかにも豊富でしかも多岐にわたっている。そこにはさらに「ちつとも採集でない新作品で、しかも共産主義の教育を念じた云々」という具合に柳田がひどく「警戒」したと思われる「星川周太郎」の「伊予を中心とした民話」も含まれている。その星川の「新作品」には「ボボ太郎の話」と題する一話がある。参考のために後の章に掲載して、大方の批判を得たいものだと思っている。いずれにしても、この手の資料は散発的に紹介しても、結果として広く利用の便に供し難くなるのは、目に見えている。それからしていずれは機を得て、一括提示し、昔話研究史の材料に資するつもりである。

便所の屋根葺き

以上、ついつい話が傍に入って、思わずも行儀の悪い成り行きになった。元に復さなければならない。ところが折角話を戻したにもかかわらず、再度柳田の意に反することおびただしく、東北の地の桃太郎に関しては、ここにまた至極奇妙な話柄を提示する顚末になった。しかもそれらはいずれもごく最近の調査にもとづく資料である。告白するに紹介する側自身がすでに変な桃太郎たちだと思っている。

変な桃太郎たち

最初にまず『東白川郡のざっと昔』（昭和六十一年八月）所収「便所の屋根葺《ふ》き（桃太郎）」「あっぱやの屋根葺き（桃太郎）」を引いてみる。

爺さんと婆さんとよう、便所の屋根が、はや、漏《も》って仕様《しよう》がねえんで屋根葺きしてたんだって、婆さんが茅《かや》出してたんだって。下から藁《わら》で上、葺いてた訳《わけ》。そしたら、足、外《はず》しちゃって、落っこっちゃったんだって。そして、うんこだらけになっちゃった訳だ。で、困ったことで、脱がせてさ、それを洗いに行ったんだって。背負《しょ》って、お婆さんが。そしたら、桃が流れてきて、そして、桃が流れてきたから桃を取って。そして、家に来て、ほら、割って食べようとしたら、桃太郎が生まれたと。生まれて、その子供が、だんだん大きくなって、今度はほら、大きくなってさ。爺さんと婆さんに、

「まあ、鬼退治行くから、あの、黍《きび》いっぱい作って、黍団子作ってくんないか」

ってんで、作ってもらって、そして、まぁ、行こうと思ったら、ほら、ああいうね、雉子《きじ》とか、みんなが来て、そして家来になって、ほんで征伐に行った訳だ。鬼退治にさ。ほして、鬼を退治して、そして宝をいっぱい持ってきたって訳だけど、ぶん取《ど》って来ちゃって、お爺さんとお婆さんが喜んだ訳だ。

　天気が良いから、爺様は婆様に、

「あっぱや（便所）の屋根葺きやっぺ」

って言《ゆ》ったたな。そうしたらば、婆様も、

「じゃ、爺様、屋根葺きやっぺ」

って。そして、それ、爺様と婆様は、屋根葺き始まった。そしたら、今度、爺様は、

「婆様、茅、下からつん出せや」

って言《ゆ》ったと。たら、（そしたら）婆様は下にいでて、（いて）

「爺様、ほら、茅、つん出すから」

って言《ゆ》ったと。今度、婆様は、下から、茅、つん出し、やってただと。そして、今度、
爺様は、今度、そして、

「婆様、今日は温《ぬく》いから、じゃ、着物脱ぐから」

って言《ゆ》って、屋根の上では、爺様は着物脱いで、で、

「婆様、ほれーっ」

って、つん出したら、

「婆様、ほらーっ」

って言《ゆ》ったらば、その着物は、便所さボターンと入っちゃったと。（それは話だっぺ
けどなあ、ボターンと入《へえ》ったって、入《へえ》んなくたって、便所の屋根葺きやっときには、

大概《ていげい》蓋《ふた》してやんだから)。したら、便所さボターンと入《へえ》っちゃったって。

「いや、これ、どうしようもねえ。爺《じ》っちさハ、俺《おれ》行って、川さ行って、洗濯してっから」

って言《ゆ》って、婆様は、その着物持ってて、それ、川で洗濯してた。そしたらば、てっちょ《(上の方から)》から桃が、ドンブリコ、ドンブラコ流っち来たって。ほっで《(それで)》、婆様は、

「これは、ずねえ《(大きい)》桃だから、爺様に食《か》せるのに良《い》いから」

って。その桃持っててって。(婆様は、その桃を呼ばっときに、何て言っただっけな)。

その桃呼ばっときに、

〽実のある桃はこっちへ来《こ》
　実のねえ桃はそっち行け
〽実のある桃はこっちへ来
　実のねえ桃はそっち行け

って。したら、それ、その桃は、婆さんの方さ、ドンブリドンブリ流っち来たって。

ほして、今度、婆様は、駆けて来て、

「爺様、爺様、大変だ、大変だ。こうゆうでっかい桃が、川から流っち来た」って。

「なら、それ、爺様と婆様として食うべやあ」って言《ゆ》って、そして切り板《ばん》の上さ、おっかけて《（のせて）》、爺様は庖丁入《い》れっぺ、と思ったら、中から、ポッツリ割っちきて《（割れてきて）》、男の子が出てきたと。そして、今度、それから、今度、ほら、それからは読本《とくほん》で習ってきたから、分かっぺ、後は。

前者は塙町山形字前田の近藤タケ女（大正二年生）、後者は鮫川村西山字大平、関根ミツエ女（昭和三年生）の語る〝東白川郡の桃太郎〟である。「桃太郎話」の導入というか、話の前触れのようなかたちで、この土地でいうところの「便所（あっぱや）の屋根葺き」が置かれている。思うに、もともと「便所の屋根葺き」といった風の独立した話があって、そこでの汚れ物を婆が川に洗濯に行く、すると川上から桃が流れて来たといった結び付きというか、展開になって行ったのであろう。それというのも、この「便所の屋根葺き」の素姓は元来が単独の笑話、それも東北地方にしばしば認められる「豆こ話」の一類ではなかったのか、とするのが私の推察であるからである。

せっちんどうの屋根葺き

具体的には右資料集には他に「せっちんどうの屋根葺き（屁《へ》の玉止めろ）」と題して、鮫川村西山字摺合の芳賀光子女（昭和二年生）の次の一話が報告されている。

爺様がせっちん《(便所)》どうの屋根葺きをしていたんだっぱい。そしたら、せっちんどうさ豆撒《ま》いたら、その豆が一つ便所ん中さ落ちたっていうことなんだね。婆さんが便所へ来てすごい屁たれたら、そしたらあんまりおならが大きかったもんだから、その豆がお便所ん中から吹き上がって、爺ちゃんがせっちんどうの屋根葺いてたら、爺ちゃんも豆と一緒にね。

「婆様やーい。屁の玉止めろ」

そして止めたらば、スーッと帰って来たって。そういう話ねえ、ほんと。

仮にこの手の話を原型、もしくはそこに先行して在った一つの話柄という具合に判断するならば、こうした類いの話が一編の独立した笑話としての存在理由、あるいはそこでの独自の機能を喪失しつつあった時機に、たまたま桃太郎話との遭遇があって、それを契機に両者が結び付いた、とも考えるのだがその点はたしてどうであろうか。それからして、というのも妙な話だが、ひとたび話としての自律性を失ってしまったこの笑話は、他にもこれと思しき相手には容易に付着、融合して行ったとみえる。たとえば次の例などはその典型であろう。題して「せっちんどの屋根葺き（花咲爺）」とある。

婆さんは川さ洗濯に行っただと。せっちん《(便所)》どの汚れた着物を。爺さんが落っちた話

だから。そしたら、それ、あれだっぱい。玉手箱が流れて来たっけか。箱がザンブリザンブリ流れて来たって。その箱を、

「重い箱いいか、軽い箱いいか」

って。それ、箱流れて来て拾って来ただと。お家《うち》へ拾って来て。欲深婆さんと欲深爺さんとあったから、欲深でねえ婆さんとあって、そうして、それ、お家《うち》へ持って来て、

「重い箱いいか、軽い箱いいか」

って言ったと。そしたら、欲深婆さんは、

「重い箱いい」

って言ったと。して《(そして)》、欲深でねえ婆さんは、

「軽い箱いい」

って言ったっていう。そして、それ、あれだと。開けてみたれば、欲深婆さんの方は、それ、泥がいっぺええ《(たくさん)》詰《つ》まってたと。その箱さね。いい婆さんは宝物いっぺえ、それ、詰まってたと。そうして、その宝を、今度《こんだ》、欲深爺さんは、それ、あの、

「燃やしちゃっただ」

って言ったと。その宝をね。欲深爺さんは仕様《しょう》ねんで、その我がんな《(自分の箱に)》泥詰まってたも

んだから。そうして、それ燃した。燃した灰《あく》を、(いい爺さんが)今度拾って、それ、殿様のお通りを待って。(それ、枯れ木に花を咲かせたっちゃ、そん時やっただっつう話なんだな)殿様のお通りをそれ、待ってて、木さ登って枯れ木に。そして、それ、枯れ木に花を咲かせて、それ、花咲爺になった訳だ。いい爺さんは。そうして、それ、御褒美いっぺえもらっただって。枯れ木に花を咲かせた、それ。したら《(そうしたら)》、欲深爺さんも、その真似して、

「じゃ俺は行って、その灰拾ってって、その、やってみる」

って、そうしたらば、それ、殿様のお通り、それ待ってて、

「枯れ木に花咲爺《じじ》い、枯れ木に花を咲かせます」

って言ったと。そうしたらば、

「咲かしてみろ」

って殿様言ったと。そうしたらば、それ、その枯れ木に籠さいっぺえ持ってって、灰を振ったれ《(ち)》、そうしたら殿様の目さ入《へえ》って、そうして殿様に縛られただっちゅう話だ。

語り手は鮫川村西山字大平の関根よしえ媼(明治四十四年生)である。

はじめてこの種の例に出会い、しかもこうした傾向の話が続け様に確認されれば、その処置と評価に途惑うのは当然のことである。それでも調査者の一人新田浩之は、同書所収「水郡線の旅から——東白川郡のざっと昔の世界——」の中の「『便所の屋根葺き』の位置」に次のように記し、併せて分布図を示していた。その一節を引いてみる。

「便所の屋根葺き」の位置

「桃太郎」「花咲爺」という全国に広く伝承している昔話にも、よくみるとその土地土地の特色があらわれています。例えば、私たちは岐阜県揖斐《いび》郡一帯で「昔、お婆さんが川へ洗濯に行くと桃と柿が流れてきた」という「桃太郎」をたくさん聞きました。「桃はこっち来い、柿はあっち行け」とお婆さんは唱えるのですが、それでは、いったいこの昔話の季節はいつなのだろうと深く考えさせられてしまいました。

さて、東白川郡の「桃太郎」「花咲爺」の場合は、その冒頭に「便所の屋根葺き」というモチーフが確認されました。

むかし、爺が便所の屋根葺きをして誤って便所に落ちる。

この後、婆が川に爺の汚れた着物を持って洗濯に行くと「桃太郎」「花咲爺」となり、あるいは「豆こ話」「屁ひり嫁」に続く場合もあります。これらの分布は「桃太

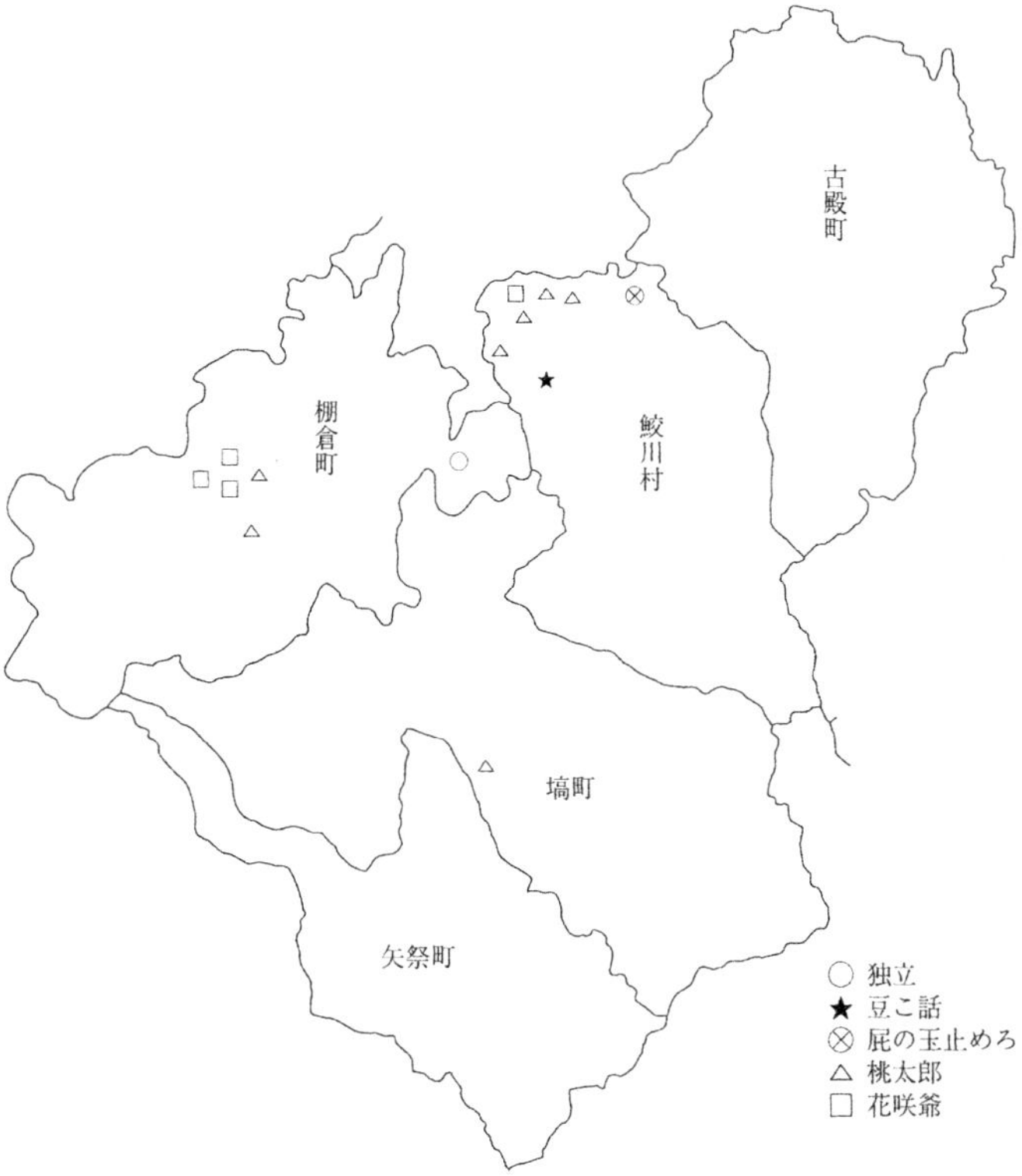

図５　「便所の屋根葺き」分布図１（『東白川郡のざっと昔』より）

郎」が塙町に一例、棚倉町に二例、鮫川村に四例、また「花咲爺」が棚倉町に三例、鮫川村に一例確認されました。また「豆こ話」と「屁の玉止めろ」は鮫川村に各一例、そうして「便所の屋根葺き」だけが独立している話が棚倉町に一例確認されました。また、棚倉町、鮫川村と隣接する石川郡浅川町では「桃太郎」に結びついて九例が、また鮫川村と隣接する石川郡石川町では「花咲爺」に結びついて二例が確認されました。つまり、「便所の屋根葺き」は棚倉町、鮫川村、石川郡浅川町を中心に分布しているのです。

「便所の屋根葺き」の桃太郎

さらにその後、隣接する石川郡下における調査が伸展するにつれて、この手の「桃太郎」はいっそう多くの報告をみるにいたった。『石川郡のざっと昔――福島県石川郡昔話集――』（平成三年十月）には都合九話が載っている。おおよそ次のような具合いである。題して「桃太郎（便所の屋根葺き）」である。

――そういうのは、昔の本とか何とかになあ、よく、桃太郎、俺も劇やっとったけっども。

昔むかし、お爺さんとお婆さんがありました。そして、お爺さんは柴刈りに行った時にそして……――

　それは、花咲爺さん。桃太郎でねえな。桃太郎は、……。

　手水《ちょうず》場《ば》の屋根葺きしてたの。便所の屋根葺き。でも、お爺さんが、ぼっとして、便所の中さ落ちっちゃったの。そうして、かわりに婆さんが洗濯に行くの。そうっと、桃が、ドンブリコ、ドンブリコと流れてきたの。そうっと、

「その桃、こっちゃ来《こ》う。こっちゃ来《こ》う」

って、桃、拾ってきたの。そうって、爺さんと婆さんと、二人で分けて食うべって、包丁あてて、内から桃太郎が生まれちゃった。んで、

「こりゃあ、俺の舎弟子が桃から生まっちゃから、桃太郎とつけてくれる」

って、桃太郎とつけて、そして大きくなって鬼退治に行く。そうして、行く時、桃太郎が、

「俺に黍団子、作ってくれよ」

　婆さんも爺さんも、

「何しっさ行く」ってから《（と言うから）》、

「鬼退治行ぐ。鬼が島へ」

ほして、そんで、黍団子作って、自分自身で持って歩ったの。そうって、行ったところが、途中行ったら、犬めがワンワン吠えんだって。何て言ってるかって、

「腰へつけた黍団子くいよ」って。

「一つやっから、俺について来《こ》い」

「ついて行ぐから」

って、なんて、ついてった訳。そうして、行ったら、猿がいて、猿もやっぱり、お土産もらってついていく。その次に、雉子がいて、雉子もそれで、

「ついて行くから、俺にもくれ」

って。（鬼が島を）攻めて、やっつけて、鬼を退治して、土産物、宝物を取ってきたって、それだけ。

屋根葺きしてて、落ちちゃったなんて、そうったこと聞いたことあったなあ。小せえ時。そして、それを洗濯に行ったらば、上から桃流れて来た。大きな桃となってだなぁ、大きな桃が流れて……。お爺さんは柴刈りでなかった訳だ。そういうのも聞いたなぁ、俺。

――一緒にヤマさ出た訳でねえ、洗濯と柴刈りに出た訳でねえ、じゃあ、屋根葺きやって、便所さ落ちて、臭くなったので、それを洗いさ行ったたって？――
だんだん、だんだんだん大きくなって、そうして強いあれになって、鬼退治に行ったたって。

便所の屋根葺きさ上《のぼ》ったと。爺っちがよう。そうしたら、落っこちちゃって、便所の中へ落ちちゃって。そして、婆っぱは、それ持って洗濯に行って。そして洗濯してるうちに、桃が流れてきたって。その桃、拾《しろ》ってきて、それ割っぺと思ったら、桃太郎が生まれたってゆう話でねえの。その桃太郎は大っきくなって、鬼征伐さ行ったたってゆう話でねえのかな。

ここでの話は順に浅川町染字中内の岡部広巳（明治三十二年生）、同中里字舞台の岡部光治（明治三十七年生）、同山白石字中田の笹島キチ女（明治四十三年生）が語り手である。なお一言添えれば、ここでも「花咲爺」に結合している。この結果、さきの例に倣って、これを分布図に示すと、次のようになっている。傾向は同じく、著しく集中して伝承されていると認めることができよう。

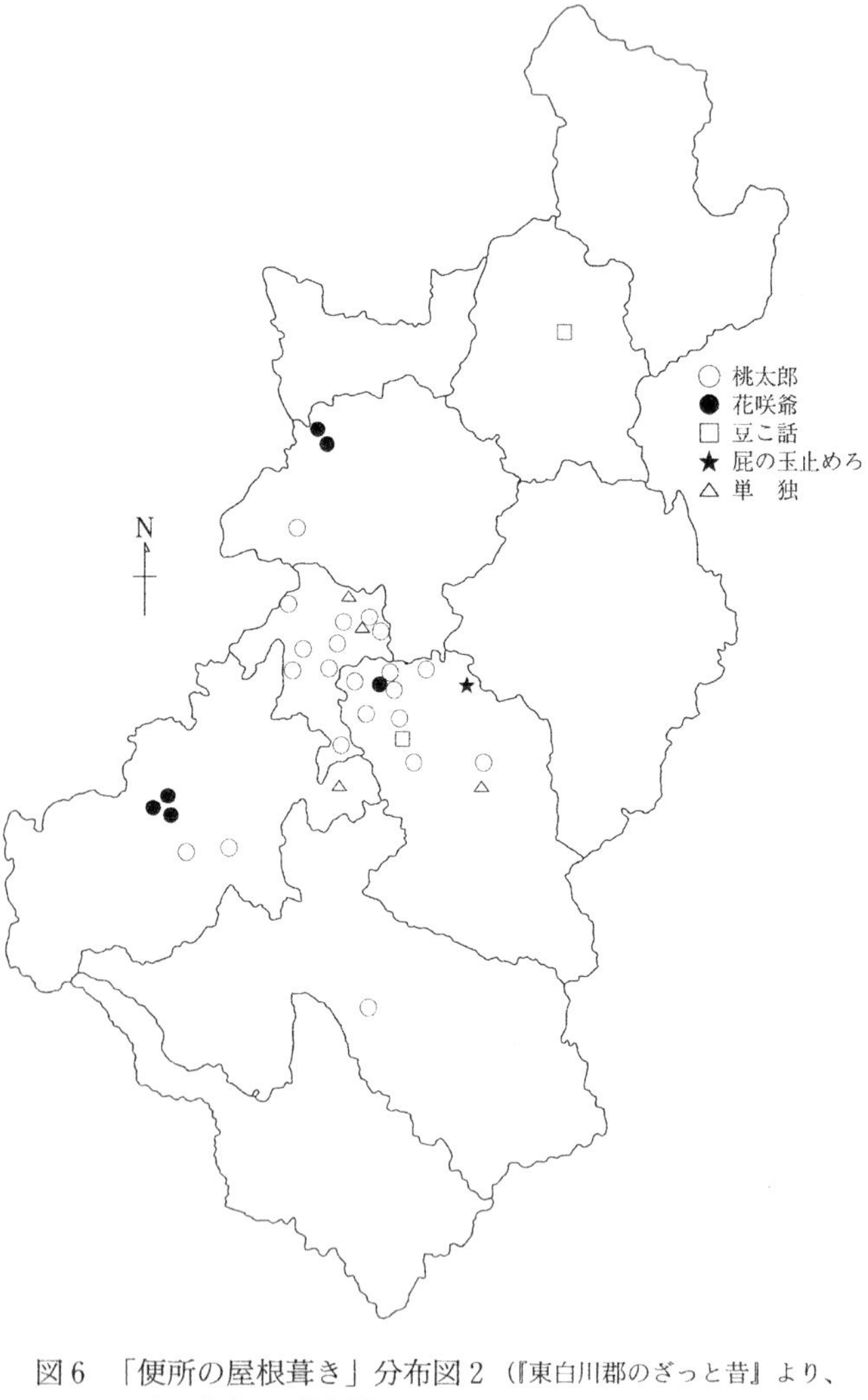

図６　「便所の屋根葺き」分布図２（『東白川郡のざっと昔』より、分布図作成　伊藤光秋）

北陸路の桃太郎

能登半島の桃太郎

言い訳がましいが、さき程来の「桃太郎」はなんとも取り留めのない話で仕様がない。いずれにしても、いまは臆測を述べるに始終して、きちんとした説明のつかぬままにひときわ厄介な話例を紹介した。ただし、この変な桃太郎たちを巡っての問題はまだ片付かない。なぜならばこの種の話は、ひとり福島県の特定地域に蝟集するのみならず、一方に遙か離れた北陸の地にも、まったく同じような傾きと内容のもとに、これまた集中して伝えられていたからである。そしてそのことに向けては、福島県下の事例報告よりは数年早く、立命館大学説話文学研究会を指導して、能登半島は羽咋《はくい》の富来町に赴いた福田晃教授からの調査報告と、そこでの解説があった。『昭

「関所の屋根葺き」

和五十年度・五十一年度調査報告　能登富来町昔話集』（昭和五十三年三月）所収「閑所の屋根葺き」がそうである。続いて『南加賀の昔話』（「昔話研究資料叢書」14　昭和五十四年六月）の「解説」(3)「モチーフにおける特徴――「舌切雀」の冒頭部分を中心に――」の中でも、これらの話についての発言がある。ここでは前出『能登富来町昔話集』所収の二例を紹介してみたい。

昔、爺《じい》じと婆《ばあ》ばとおったとい。そして、閑所の屋根葺いたんね。そしたら、穂が三筋出てきたといね。そしたら、それで爺じが、

「婆ば、これで団子こねや」言うたら、婆ばが団子こねたがいと。

そいて三つあったがを、婆《ばあ》ば一つ先に食べて、

「爺《じい》じゃ、できたど」。そいて、爺じゃ来て、

「こんな二つしかなかったか」

「二つしかなかった」。ほして、爺と婆と一つずつ分けて食たれど、爺じゃ、疑って、

「閑所行って、えんこのこきんくらいせんか」いうたといね。

ほしたら、婆ば二つこくし、爺じゃ一つこいたと。爺じゃ、婆ばをうそこいたって、閑所につっころがいたといね。

そしたら、婆ば、川へそれを洗いにいったら、桃が流れて来たと。ほいて、桃を家《うち》拾て来て割ったら、桃の中から子どもが出たと。そしたら、その子どもに桃太郎ちゅう名前つけたと。

むかし爺《じじ》と婆《ばば》とおったとい。関所の屋根葺いたとい。穂が三穂出てきたんやな。穂が三穂出てきたら、

「これを婆《ばあ》さ婆さ、団子にせい」って持って行ったんやな。ほったらその団子にできたら今度《こんた》あ、

「爺《じい》じい、さ、できたさかい食わんがか」って言うて、ほって呼ぼって食べにかかって。ほしたら三つやさかいかねえ、婆《ばあ》ばは一つ食うし、爺じいは一つ食うし。そうしたら今度あ、その団子どない言うたんやな。爺《じじ》と婆《ばば》一つずつ食わんがかとやったれど一つ残ったが、婆二つ食たがか。そしたら、

「おんどりゃ余計《よけ》食たなあ」って言うて関所ん中へ叩き込んだんやなあ。婆《ばあ》ばあ今度あ川へ洗いに行ったがいと。ほしたら川上からポンポコポンポコと桃が流れて来たんやな。一つ流れて来たら、

「も一つ来おい。次郎に来い」。また流れてきたら、

「も一つ来うい。太郎に来い」って婆拾て来て。そしたら、子どもあ来て、

「婆、婆、何《なん》かないけえか」

「おお、盥《たらい》に桃伏ててあるわ」。見たら、犬の子になっとって、

「犬の子になっとるがいね」言うたら、

「桃が犬の子になろかいや」って言うたけど、本当《ほんと》に犬の子になって、その犬がお爺《じじ》を乗せて、山へ行ったがいね。ほしたら、山へ行ったら、

「ここ掘れ、ワンワン」て言うて犬が言うたら、そこ掘ったら、金《かね》やらなんじゃら宝物《たからもん》がいっぱい出てきたって。

ほうしたら、家《うち》へ行って白いご飯炊いて食べとったら、隣《となん》のお爺《じじ》やあ、

「お前様たちゃあ、何《なん》のおかげで白いご飯食べるんか」言うたら、

「おら、お前様、犬のお陰で御飯食べるわいか」って言うたら、

「ええ、そんな犬ならおらん家《うち》にも貸してくんされ」って言うて。

そして貸したら、ほいたら、その犬が爺さんを乗せて山へ行ったら、ほうしたら、
その犬が爺さまに、

「ここ掘れ、ワンワン」って言うて、爺様そこ掘ったら、百足《むかで》やら蝮《まむし》やら蛇やらどんならんもんがぎょうさん出てきた。

語り手は酒見の辻ミヨ媼（明治三十二年一月二十五日生）と、鹿頭の出口梅媼（明治二十二年十二月七日生）であった。お二人の年齢からしても、これらの話が決して出来合いの素姓ではないのを充分に窺わせている。そしてこれについては同書「解説」の「五、資料としての特質」の一節に福田教授が次のように記している。

柳田國男氏の『日本昔話名彙』や関敬吾氏の『日本昔話集成』には登載されていない話型として注目されるのは、「閑所《かんしょ》の屋根葺き」である。爺と婆とが、屋根葺きの折に、藁《わら》の中の稲穂を三本見つけ、それで作った団子を争うものであり、これもまた愚かしくも愉快なる話である。稲穂三本という語り方に、予祝的もの言いがかすかにうかがえるゆえに、完形昔話に分類しているが、この爺・婆の滑稽なる争いごとは、当地方ではたいへん人気があって、総採集話数は四四に及んでいる。そして、これは例話にも示したように、あるいは、「桃太郎」に繋がり、あるいはまた「花咲爺」に展開することもある。勿論《もちろん》、この話型は、当地方に孤立して伝承されるものではなく、加賀・越前方面からの採集例が少しずつ見出されているが、その方面では、ほとんどが「舌切雀」の冒頭として語られている。ともあれ、この話型は、同じく爺と婆とのの愉快なる葛藤を述べ、しかも「最初に語る昔話」としての位置が与えられてきた各地の「婆の鳥料理」や「豆子話」などと関連して注目される。

今後類似の資料報告がいくつか得られたにしても、この件に関してはおそらく右見解の域を出ることはまず望めまい。

能登と福島の話の類似性

繰返すようになるが、いったい何が原因して能登は富来の地と、一方遠く隔たった福島の一地域にかくも類似の話が、これまた同様の傾向の下に伝承されているのであろうか、思うにつけてもまったく奇態な現象である。かつまた不思議なありようだとしか言いようはない。ただそれにつけても、こうした話の類いや、あるいは民謡、さらには著名な神事やそれに伴う芸能の伝承や分布状況については、それぞれに思いがけぬ遠隔の地との関係を指摘し得る場合はしばしばある。その際、これが口承の文芸、つまりは口頭の伝承に限らず、たとえそれが祭事や民俗芸能であろうとも、そういった近似事象の認められるのには、潜在して必ずや人の動きがあった。

早い話が、よその土地に行われる舞いや踊りを自分たちの所に誘致したい、あるいはそれらを習得したいとなると、村の若い者が打ち揃って遠近を厭わず出掛けて行く。そのうえで師匠の元に泊りがけで習い覚え、ようやく自分たちの所に持ち帰って来たとする例はいくらもあった。またそれに伴う面《おもて》や太鼓などもずいぶんと以遠の地に発注した挙句、予想外の大金を払ってまでも、それらを整えてきた記録や書き留めの類いは今も各地に残っている。しかし、こうした姿、形の存するものはともかくも、これがいったん昔話のように口頭の伝承になると、それはもはやない。ましてや、ここにみてきたような荒唐無稽の笑話の類いを、手間暇かけて、北陸道までいったい誰が習いに行くであろうか。それを思えば、これはやはり日本海側の地から福島は東白川、石川両郡下にもたらされたと考えるのが妥当ではなかろうか。しかしそれを当て推量でいうのはあまりに芸がない。当然ここには相応の根拠が欲しいところだが、はてさて、どうであろう。たとえば、仮にいまこれをそこに用いられる独特の用語、方言のひとつというべきか、民俗語彙の中に模索するのははたして叶えられるか、どうかである。

移住と故郷言葉

具体的には『東白川郡のざっと昔』所収のそこでの題名は「便所の屋根葺き」「せっちんどうの屋根葺き」「せっちんどのの屋根葺き」に並んで、「あっぽうやの屋根葺き」「あっぱやの屋根葺き」であった。どれも同義に用いている。「便所」「雪隠」は良しとして、「あっぽうや」あるいは「あっぱや」は何であろうか。

思うに「あっぽう」はそもそもが「あっぱ」の訛語、もしくは転訛であって、原義は「あっぱ」ではなかったかと推察する。しかして、この「あっぱ」は北陸の地では「大便」「糞」であった。私事にわたるが、戦時下学童疎開世代の一人であった私は、福井市内の母方の実家に一年間預けられた。転校先の順化国民学校で最初に遭遇した言葉は「にし（お前、汝）」と、「あっぱ」である。こうしてみると、福島の地の一隅にかくも奇矯な桃太郎と、併せて「あっぱ」の語の行われるのは徒事《ただごと》ではない。そこにはきっと何か訳があったはずである。仮に北陸の地から集団で入植した人たちが、久しきにわたり、かつは恒常的に彼らの間に限ってのみごく限られた故郷の言葉を用いていた。やがて世代が移るにつれて、漸次これが「あっぽう」に変化するにいたった、というような事情があったのかもしれない。ちなみに新妻三男『相馬方言考』（昭和五年十月、謄写版。のち四十八年十月、改訂版）には「アッペ（名）汚いもの。小児語。アッポも同じ。」「アッペヅラ（名）馬鹿面。」「アッポ（名）汚いもの。大便にも。」とある。加えてそこには「アッポヤ、便所。金房村。」とある。これによって「あっぱ」「あぺ」「あっぽう」「あっぽや」の語が相馬の地にも行われていたのが判る。また同地、大迫徳行の「相馬藩の危機――天明の飢饉とその対応――」（「文化福島」昭和六十二年十一月一日発行、第十七巻第八号）には次の一節があって、参考になる。

窮乏復興策として移民の招致は、浄土真宗門徒農民を対象に行われますが、その時期は文化五、六年頃から明治四年頃までで、その範囲は加賀、越中、能登、因幡に及びます。文化七年には、浄土真宗大谷派の僧闡教《せんきょう》が越中から馬場野（相馬市）に東福庵を、本願寺派の僧廓然が越中から柚木（同上）に落ち着き、後鹿島町に勝縁寺を興します。次いで闡教の子発教が、家老職を辞し私人として藩と移民との間に立って尽力した久米泰翁と協力して、農民を欠落させて招致する非合法の移民政策をとります。（中略）いずれにしても浄土真宗の移民政策は、相馬藩の荒蕪地開発を兼ねた人口増加策と教団側の教線拡大の利害が一致した結果成功したといえると思います。

ここでは論旨として、いかにも都合のよいところを摘み食いしたようで恥ずかしい。しかし俗に〝言葉は国の手形〟という。それならば、その言葉にもとづく言語伝承の昔話もまた、遠く故郷を偲ぶ手形足り得ていた時代が、つい近いころまではここにもあったような気がするのである。

ただこのように屋上屋を架する作業は、あまり好ましくないとしても、福島は東白川郡に行われる昔話の一つが、溯ってもしも北陸の地の一部にルーツを求められるとするならば、これほど面白い例は滅多にない。一方、それとともに東日本の桃太郎たちは、案外こうしたことをひとつの契機にして西行を促し、そのうえでさらに一段と異なった場所での消長と、そこでの展望を獲得する気運になるのであったなら、これまた二つとはない機会であろう。測らずも潮は満ちて来たとするべきであろうか。そこでひとたびはこれを勿怪《もっけ》の幸いに、さっそく話を西に移してみたい。

北陸の特異な桃太郎

ところで、研究史上、早くに北陸の地における特異な桃太郎を報じたのは、加賀は南郷村の山下久男であった。昭和十年八月刊『加賀江沼郡昔話集』所収「桃太郎異譚」がそうである。次のような話であった。

「桃太郎異譚」

昔、あつたと。ぢぢとばばとおつたと。ぢぢは山へ行つたと。ばばが川へ洗濯に行つたら川上から大きな桃が流れて来て、婆は嬉しさうに内へ持つて帰つて、二人で食べやうと思つて、庖丁をあてると、中から大きな男の児が生れた。ぢゞもばゞもよろこんで、育てゝおいた。その児はだんだん力がついて、ある時せどのよの木をこいで、隣の内の屋根にもたせた。ほしたら、ぢとらどんといふ。どうも賢い児だからこんどは、打たの（ぬ）太鼓のなり太鼓をしてこいといふ（ひ）つけた。かしこまつたといふて、桃太郎は内へ帰つた。そして、すいのゝ中へ虻やら蜂やらたくさんとつて入れて、両方に紙を貼つて、隣の内へ行つてまくした。そしたらよい音がした。親父は感心して、こんたは（今度は）、灰の草履をして来いといふ（ひ）つけた。又桃太郎は内へ帰つて、草履を作つて、その草履を燃やしてちつとも壊さず、板の上へのせて、隣の内へもつて行つた。親父は上手に出来たとほめた。こんたは鬼ヶ島へ行つて鬼の牙を取つてこいといふつけた。桃太郎はかしこまつたりと言ふて、内へ帰つた。そして鬼ヶ島の牙を取りにいくといふて、暇乞をした。そしてしばらく行つたら、山からいかい（大きい）岩がまくれて来た。桃太郎は一つ蹴つたら、中から柿太郎が出て友になつた。又しばらくいくと、山からいかい岩がまくれて来た。柿太郎がけつても割れなんだ。桃太郎が一つ蹴つたら、二つに割れて、からすけ太郎といふものが出た。又友になつて、いつた。とうとう鬼が島についた。鬼は、柿太郎もからすけ太郎もみんなとつてのんでしもた。桃太郎はふんとに（ほんとに）、腹を立てゝ友達を出さねば合点せんといふて鉄の棒を取つて、振廻した。鬼は今だすからといふて、柿の葉を呑んだら、柿太郎が出た。又烏の羽を呑んだら、からすけ太郎が出た。鬼は桃太郎に降参した。桃太郎ら、三人が鬼の牙をとつて、歓んで帰つた。みちに山姥が臼を挽いておつて、ぼうらは何処へ行つてきたと訊ねた。鬼ヶ島へ行つて、鬼の牙を取つてきたといふた。それなら珍らしい、ちつと見せてくれいや。これはみせられん、どうでも見せてくれ、夏は扇の風で育て、冬はわたばで育てたばゞぢやが、それなら、ちつとみせうかと言ふて、ちいつとみせた。どうか手の上へ載せて見せてくれ、桃太郎は仕方なく、手の上へのせて見せた。そしたら、臼の中から、いかい風が出て、牙を吹いて行つてしもた。何処へ行つた影も形もなし、それから柿太郎は山を探すし、からすけ太郎は川を探すし、桃太郎は海を探すし、それでないときにや、三人が海へはまつて、死のうと言ふて相談した。（西谷村）

この一話に向けては、関敬吾に重ねての発言があった。ここではそれを『全国昔話資料集成19　加賀昔話集』（昭和五十年十一月）の「解説」の中から引いてみる。関はまず、このようにいう。

柳田國男の昔話研究の動機の一つは「桃太郎の古い姿を尋ねて行く栞にして見たい」として、桃太郎の出現の形式に近い水の世界から現われた「鼻たれ小僧」の一連の昔話がまず問題とされた。江沼郡の「桃太郎異譚」は、名著『桃太郎の誕生』ののちに報告されている。この昔話を先生が桃太郎との関連でいかに解されたか聞いて見る機会もなかったが、わたしはこの「桃太郎異譚」のなかに桃太郎のいく世代か前の姿を発見することはできないかと、同学『沢田四郎作博士記念文集』（昭和四十七年）に病床で記憶とわずかな参考書をたよりに「桃太郎の郷土」（『関敬吾著作集』第四巻所収）と題して一文を草した。「桃太郎異譚」はこのほか、前述の江沼型舌切雀と平行して、江沼郡に接する福井の勝山市で記録されている。もう少し、桃太郎異譚を発見したら改めて考えて見たいと思っている。

関敬吾の比較研究

そのうえでさらに昔話の国際的な比較研究というグローバルな視野から、わが国の桃太郎話を位置づけるために、関は次のように述べている。

桃太郎昔話の国際性を問題にするばあい、山下久男さんによっておそらく初めて発見されたであろう、この桃太郎異譚を媒介として、童話としての桃太郎と、これにもっとも近いちから太郎との関係を明らかにすることが先決である。

ちから太郎はこの昔話集の補遺にも記録されていないが、A、主人公は桃太郎と同じく桃から生れ、十五歳（烏帽子着の年）まで嬰児籠のなかで育つ。それから一斗飯を食わせるとそれだけ成長し、大力者となる。B、百貫の鉄棒をもって、力くらべの旅に出る。途中で大力者と勝負をして、二人の大力者を家来にする。C、家来と協力して化物にかどわかされた娘を解放して、主人公はその娘と結婚する。

国際的タイプもこれとほぼ一致する。

A　主人公はふしぎな能力をもった者を家来にする。B　海陸両用のふしぎな舟を作る（これは桃太郎にはない）。C　仲間は主人公を助け、いろいろな難題を解決する（犬、猿、雉は桃太郎を助け鬼を退治する）。例えば、E　主人公は捕えられた王女を助ける（岩手一例、姫を車に乗せて逃亡する、八〇ページ参照）。F　仲間たちは裏切って主人公を見殺しにする。G　彼らはすでに娘を誰のものにするかを争う（われわれの伝承にはない。AT 513）。

そしてなお、

つぎに、参考のために異常能力の例をあげる。わが伝承ではほとんど大力者で、わずかに神の言葉のわかる男、木、魚の数をかぞえる能力をもった例がある。国際的な例では、大木を引抜く男、早足の男（＝犬）、鳥のように早い男（＝雉）、遠目のきく男、二哩先の蠅を射る男（＝キリシタン伝説、一里先の針を射る下げ針金作）、海陸両用の舟（キリシタン伝説＝天草四郎、下駄ばきで有明海を往復する）など、昔話以外の伝説のなかに同様のモティーフがある。

とした。たしかに関の発言には重要な指摘がなされている。ただし、それはあくまでも話の構造上の一致、あるいは類似にもとづく判断であって、それによってすべてが片付くわけでは決してない。私はいま、この話に「その児はだんだん力がついて、ある時せどのよの木をこいで、隣の内の屋根にもたせた」とする一条の存するのに、大方の注意を強く促すに留めておきたい。次に進む。

南加賀の桃太郎

さきに一度『南加賀の昔話』について触れた。同書は黄地百合子・大森益雄・堀内洋子・松本孝三・森田宗男・山田志津子、以上の諸氏による採訪調査の成果である。

図7　鬼退治をする桃太郎と家来（個人蔵『桃太郎絵巻』より）

ここに注目すべき「桃太郎」が報告されている。語り手は江沼郡山中町真砂の中島すぎ媼(明治三十年十一月三十日生)。必要上、その全容を紹介したい。

むかし、お爺ちゃんとお婆ちゃんがおったんやて。お爺《じじ》は山へ柴刈んに行くし、お婆《ばば》は毎日川へ洗濯に行ったんやと。たら、川の上の方からでっかり桃がぷかりぷかりと流れてきたんやと。あらあんまりうまそうで、お婆ちゃん拾《ひろ》て食べてみたんやて。ほた、たいへんおいしかったんやと。たら婆ちゃん食べてもたんやて。ほいて、こりゃお爺ちゃんにも一つあげんならんさかい言《ゆ》て、

「も一《ひと》つ来い、爺におましょ(1)」って呼ばったんやて、そしたらまた本当に(2)、そらからふかふかと流れてきたんやと。ほたらそれを拾《ひろ》てえ、家《うち》持って帰ったんやと。そして昔で言やぁ何じゃったも知らんけど、箱の隅《すま》入れておいたんやと。ほいて爺ちゃんが晩方山から帰ったんやて。ほたらその、婆ちゃんな、

「たいへん今日は川行ったらおいしい桃が流れてきて拾って食べたらたいへんに味が良かったんや」と。爺ちゃんに一つ食べさしてみよと思て、

「も一《ひと》つ来おい、爺にあげよ」て言《ゆ》たら、また一つ流れて来たんじゃと。で、

「そこな箱の隅《すま》へ入れてあるんじゃが、お爺ちゃん食べるか」て言うたんやて。た

ら、

「ほんなら出いてきてくれ、わしも食べてみる。そんにおいしいんなら」て言《ゆ》うて。そして婆ちゃん出しに行ったんやと。そしたら桃が二つに割れて、赤ん坊が座《すわ》っとったんやと。

「あらあ、りくつな[3]。爺ちゃんに桃あげようと思たら、こんな立派なちっちゃい赤ん坊の男の子が座っとるんじゃが、何《なん》でやろか」て。な、ほならなんじゃ、

「爺や婆にゃ子どももおらんのじゃに、爺ちゃんや婆ちゃんの子にしておこう」って。そして誰もが可愛がって養《やしの》うておいたんやて。

そしたら段々大きなったんやて。ほいて十五、六にもなったと思たら、[4]だんくら坊んなってもうしようがなかったんやて。隣のじっとどんていう人の屋根にこんな大きい木を引っこいて来ては持たしては、そういうだんくらしてもうどうもならなんだ。ほいてぇ、そしたらその隣のじっとどんな

「そういう何やらするんなら、だんくらするんならわしの言うことを聞け」て言うたんやて。そしたら、

「何でも聞く」て言うたんや。そしたら、

「そんならぁ、お前そいだけにだんくらがしたいんなら鬼ヶ島行って鬼の牙取って来い」って言うたんや。そしたら、

「よしわかった」て家《うち》帰ったんや。したけど考えて、爺ちゃんに相談したんやて。

「そう言うんだが、わしゃ行ってもいいか」と。んで、

「それならわしの別れみたいなもんじゃさかいに黍団子をしてくれ」って言うたんや。そしたら爺ちゃんや婆ちゃんな、

「そうか、まあそれなら仕方がない。お前《まん》がそれだけ言うんなら、黍団子ぐらいしてやるさかい、きついんじゃさかいに行って手柄をたてて来い。行ってみて来い」て言うて、ほって黍団子をいっぱいこしらえてやったんやて。そしたらそれをこんなでっかい袋に入れて腰に着けて行ったんやと。ずうっと。

そしたら道に、

「ほういっ」て言って呼ばって石がこんころおっとまくれて来るんじゃて。ほいて何じゃやらけ(5)しからんと思て見とったら、からすけ太郎っていう人が出てきたんや。そして、ひょっこりさあっと道の真ん中に座って、その石がホカアンと割れて、そいてそっから、中から男が一人出てきて、

「あんたどこ行くんじゃ」って聞くんじゃやて。ほたら、

「わしゃ鬼ヶ島へ鬼退治に行くんじゃ」て言ったら、

「そうか、ほならわしも助太刀に行くさかいに、お前の腰に着けとんのはそれ何じゃ」って。そしたら、

「これは日本一の黍団子」てでそう言ったんじゃやと。ほたら、

「ほなら、私にそれを一つ下さい。お伴して行きまっさかい」て。そして一つ出いてやったんやて。そして二人が、ま、お伴してそれを二人が行ったんじゃやて。

ほた、また暫く行ったらまた、

「ほおうっ」て呼ばるんじゃや。今度《こんたあ》また大きな石がこんころおっとまくれ(6)て来るんじゃやって。

「こらけしからん。また一つまくれて来た」言うて立ち止まって二人がおったんやて。またその大きな石がほかあんと割れてまた一人ひょっこりさあと出たんやて。ほた、今度《こんたあ》、柿太郎っていう人が出たんや。

「わしは柿太郎っていう人じゃが、あんたらどこへ行くんじゃ」って。

「わしらは鬼ヶ島へ鬼退治に行くんじゃ」って。そたら、

「ほんなら、あんたのその腰い着けとるのはまた何ですか」て言うたんじゃといい。たら、

「これは日本一の黍団子じゃ」って。たら、また、

「一つ下さい。私もお伴しるさかい」て。そしてまた一つ出いてやって食べさしたんやて。そして、今度《こんだ》三人が鬼ヶ島へ鬼退治に行ったんじゃて。そしたところが、鬼やでかい門、金門《かなもんし》閉めて、やっぱい中におるんじゃって。そしたら桃太郎てなあ、門を、

「からすけ太郎、ぱあっと蹴れや」って言ったんやて。そで、ぱあんと蹴ったんじゃと。たらなあも、ちっとも音もせん。開《あ》かなんだんじゃって。そいたまた、

「柿太郎、ほんなわりや柿太郎、今度《こんだ》ぱあっと蹴ってみい」って。ほんだぱあっと蹴ってみて。何《なん》も音も沙汰もせん。ちょっとも開《ひら》かけもせにゃ。そったら、

「やっぱり弟子じゃいかんな。わしや蹴ってみるかぁ」って言《ゆ》てパアンと蹴ったらギイッと開《あ》いたんやて。そしたら、

「お前らまあ、弟子やさかい先い入れ」て言て。ほいてからすけ太郎一番先い入れたんやて。そなら鬼や呑んでもたんやて、その弟子を。ほた、今度《こんだ》また柿太郎をまた

今度入れたんやて。そんだまたそれも呑んでもたんや。そしたら桃太郎腹立てて、

「弟子をみんな呑んでしもたんじゃ。合点せん、戦うてやる」て言うて鬼に手向かうたんじゃて。そして鬼もなあもやりつけたんやと。(7)きっついんじゃの。そしたら鬼や、

「堪忍してくれ、友達も出してやる」て言うて、そして昔の話やさかいやけど、今度《こんだぁ》、鳥の羽根取ってきて燃やいて飲んだんじゃて。そして、カアスカアスて言たら、からすけ太郎がひょいと出たんやて。そして、

「今度《こんだ》一人出たさかい、も一人出(8)してくさにゃ合点せん」て。そしたら、また今度《こんだ》、柿の葉取ってきて燃やいてまた飲んだんじゃて。そいてまた喉をカアスカアスて言うとったら呑んだんやさかい、喉からまた出てきたんやて。そして、

「こいでまあ三人出てきたさかい、今度《こんだ》お前を征伐してやるさかいに心得とれ」て言うて、三人が戦うて鬼もなあも、めちゃめちゃにしてもうたんやと。そたら鬼や潰れてもたら、今度《こんだ》、鬼の牙ぁ取って、

「これでじっとどんに言い訳が立つさかい、帰ろう」て言うて、そして出て帰ったんじゃと。

そいたところが道で、養《やしの》うたお婆《ばば》になってその鬼が出てきたんじゃって。そして日が暮れたら小さい狭《せば》い小屋に、所《とこ》い覗いたらゴオゴオゴオとこうやって碾臼《ひきうす》回いとるのやて、その婆が。そして、

「お前らどこ行ってきたんじゃ。婆が小《ちっ》さい時から養《やしの》うた子じゃに、何か取んに行ったんじゃろうが、それをちょっこり見せてくれ」てこう言ったんや。そしたら本当《ほんと》にそうかと思《も》て騙されて、正直言うたんじゃて。

「鬼ヶ島、鬼の牙取んに行ったんじゃないか。取ってきたがこれどうじゃ」。そう言うたら、

「ほな、どりゃお婆《ばば》にちょっと見せてくれやい」てこう言うたんじゃ。したら、ち(9)ょっこり見せたんじゃて。

「どら、どんなもんじゃ、手に載せて見せてくれやれ」てこう言うたんじゃて、また。

「ほたら仕方ない、まあ、育てた子じゃさかいに、夏は扇の風、冬は炬燵《こたつ》で育てた子じゃに、(10)なして悍《おぞ》い者共《もんども》じゃ、そんな物《もん》も見せられんか」て言うた。そしたら手の平に載せてやったんじゃっと。そしたらそれ鬼じゃったんじゃの。でっかい風が吹い

て来て荒れて、そこらあたりじゅう見えんようになって、その婆も臼もみんなたって[11]行ってしもて、何もおらんようになってもたんや。

そしたら、からすけ太郎、柿太郎も桃太郎も、

「おらは、一人は海を探すし一人は山を探すし一人は天を探いて、そしてもしや鬼の牙が取れん場合には三人が海へはまってボンボオッて死ぬまいか」って。そして死んだんじゃって。

そうろうべったりかいのくそ。

（名彙「桃太郎」・集成一四三）

注　(1)おましょ（あげましょう）　(2)そら（川上）　(3)りくつな（面白い）　(4)だんくら坊（いたずら者）　(5)けしからん（怪しい）　(6)まくれて（転がって）　(7)きっつい（強い）　(8)出してくさにゃ合点せん（出してくれなければ承知しない）　(9)ちょっこり（少し）　(10)おぞい（意地悪い）　(11)たって行ってしもて（飛んで行ってしまって）

ここではあえて「注」を生かしておいた。理由は前章で藤原相之助がひとしきりこだわっていた例の「おませう」が、「も一つ来い、爺におましょ」という具合にきちんと出てくるからである。藤原ならずともかの「先生」に見て貰いたいところであろう。それはとも

かくも、一瞥、話は整ってまことに見事な一編である。しかも全編ゆったりとした口調で、いかにも鷹揚に語られているところがよい。わけても幼い日の桃太郎をいって「夏は扇の風、冬は炬燵で育てた子じゃに」とする文言は、さきの「夏は扇の風で育て、冬はわたばで育てた」というのとともに、この地方に認められる独特の表現であり、そこには慈しみに溢れる語り手たちの格段の感情移入があって、媼の情感がしみじみと伝わってくる印象に残る場面であった。しかるにその直後、情景は一変して、「その婆も臼もみんなたって行ってしもて、何もおらんようになってもたんや」ということになった。これはあたかも、いまここにいる語り手のすぎ媼も、またこれを取り囲んで話を聴いている幼い者たちも、やがては「みんなたって行ってしもて、何もおらんようになって」しまうとする、いわばこうした一期一会もいずれは一切有情、空空、空寂だという実相を訴える人の世のありようを説いていているようで、凄い。

きじの子太郎

もっともそれをいえば、これとちょっと似た例で、しかも終末にいたるやそれまでの三人の仲間たちが次々に消えて行ってしまうとする、儚《はかな》いといえばまことに儚い筋立ての話があった。水沢謙一の『いきがポーンとさけた』（昭和三十三年）所収「きじの子太郎」がそうである。この種の話は関敬吾の言をもってすれば

「童話としての桃太郎と、これにもっとも近いちから太郎」という位置づけになる。次のごとくである。

あったてんがな。

あるどこね、爺さと婆さがあった。爺さが山へしばかりにいって、きじの卵三つ見つけたんだんが、きもの綿にくるんで、うちへ持ってきた。ほうして、婆さに見せて、火のはた《いろりばた》にならべておいたれば、その卵が一つ、ピチャンというてつぶれた。また一つ、ピチャンというてつぶれた。三つめの卵は、ハッチンと、ごうき《たいへん》、でっこい《たいへん》音でつぶれたれば、なかから男の子が生れてきた。子もたずの爺さと婆さは、ばかげに喜んで、お湯をつかわせるやら、大さわぎした。

ほうして、きじの子太郎という名をつけて、だいじにそだてた。きじの子太郎は、ドンドン、でっこ《大きく》なって、ある日、鬼が島へ、宝ものとりにいぐとて、きびだんごをこしろうてもろうて、腰にぶらさげて、でかけた。

その道で、でっこい岩に腰かけて休んでいたれば、その岩がサックリと二つに割れて、中から大男がでてきた。

「きじの子太郎、どこへいぐ。」

「鬼が島へ鬼せいばつに。」

「腰のものはなんだ。」

「日本一のきびだんご。一つ食えば千人力、二つ食えば万人力。」

「一つ、くだされ、おとも申そう。」

ほうして、その大男は、きじの子太郎のおともとなって、岩の子太郎と名をつけた。

それから、岩の子太郎をつれていぎ、でっこい石の上に、腰かけて休んでいたれば、また、その石がサックと二つに割れて、中から大男がでてきた。

「きじの子太郎、どこへいぐ。」

「鬼が島へ鬼せいばつに。」

「腰のものはなんだ。」

「日本一のきびだんご。一つ食えば千人力、二つ食えば万人力。」

「一つ、くだされ、おとも申そう。」

ほうして、その大男は、きじの子太郎のおともとなって、石の子太郎と名をつけた。

それから、きじの子太郎は、岩の子太郎と石の子太郎をつれていぎ、こんだ、よし野（よしの生えた野）に休んでいたたば、よし野がサックリと二つに割れて、中から大男がでてきた。

「きじの子太郎どこへいぐ。」

「鬼が島へ鬼せいばつに。」

「腰のものはなんだ」

「日本一のきびだんご。一つ食えば千人力、二つ食えば万人力。」

「一つ、くだされ、おとも申そう。」

ほうして、その大男も、おともになって、よしの子太郎と名をつけた。

きじの子太郎は、岩の子太郎、石の子太郎、よしの子太郎の三人をつれて、いよいよ、鬼が島へいった。ほうしたら、鬼の子供があそんでいて、

「いいさかながきた」

と言うて、ンな《みんな》、門の中へはいった。門は、くろがねの門で、岩の子太郎と石の子太郎とよしの子太郎と、三人であけようとするども、あけることがならん。ほうしると、きじの子太郎が、足でけったらスッとあいた。ほうして、四人で、鬼どもを片っぱしから投げとばしたれば、鬼の大しょうも、

「どうか、命だけはたすけてくれ」

とあやまって、大判小判、かくれみの、かくれがさ、うちでの小づちを出した。

きじの子太郎は、その金と宝物をもって、岩の子太郎、石の子太郎、よしの子太郎といっしょに帰ってきた。ほうして、よしの子太郎は、よし野のどこまでくると、

「さらば、さらば」

と言うて、よし野にけえて《きえて》しもた。石の子太郎も、大石のどこまでくると、

「さらば、さらば」

と言うて、大石の中へけえてしもた。岩の子太郎も、大岩のどこまでくると、

「さらば、さらば」

と言うて、大岩の中へけえてしもた。

ほうして、きじの子太郎は鬼たいじして家へ帰って、一生あんらくにくらした。

いきがポーンとさけた、なべのしたガラガラ。

きじの子太郎と影向の神々

語り手は新潟県十日町市の佐田タツ媼。「昭和三十三年、七十九歳」とある。明治十三年（一八八〇）は庚辰《かのえたつ》であった。媼はその年の生まれであろうか。「桃太郎」の名は一度も出て来ない。しかし、一編の構成からして桃太郎話とのかかわりの深さは指摘するまでもない。それにしても「よしの子太郎は、よし野のどこまでくると、『さらば、さらば』と言うて、よし野にけえてしもた」と

いい、さらには石の子太郎も岩の子太郎も「さらば、さらば」といいながら続けてみな消えて行ってしまった、とする語り口もこれまた一途に寂寞感を漂わせていて、深く印象に残る場面であった。話の中でひとたびは重い存在感を示した者たちが、事件に遭遇した挙句に避け切れぬ死に立ち至ったというのならともかくも、昔話の終焉部に臨んで突然「けえてしもた」といい、しかもそれらが踵を接して一様に「消えてしまった、消えてしまった」とする、こうした語り口ははたしてこの国における昔話の方法であったのだろうか、考え込まずにはいられない。なぜならば、たとえば『お伽草子』にはしばしば「かき消すやうに失せにけり」（「文正さうし」）とか「かき消すやうに失せ給ふ」（酒呑童子」）といった類いの表現が認められる。しかしその場合、前者は「見通しの尉《じょう》」という「翁」でいらっしゃり、また後者は何を隠そう「住吉、八幡、熊野の神これまで現じ来る」と説かれるように、それらはともにいわばいっときの間ここに示現給った、この世ならぬ尊きかたがたのありようであったからにほかならない。したがってもしもそうした文脈から改めて「よしの子太郎」「石の子太郎」「岩の子太郎」の素姓を問えば、彼らはどれもが主人公「きじの子太郎」の鬼退治に力を貸した〝三人（匹）の援助者〟ならぬ、いうなれば〝影向の神々〟とも称せられるような存在であったと理解し得る。それにつけてもここに思い出すのは藤原相之助の感慨であった。彼は一言「昔話といふものは親から子に伝はるよりも、一代隔てゝ祖父母から孫に伝はることが多いものかも知れない」と述べたが、もしもその伝で行けば明治十三年生まれのタツ媼の話は、わずかに溯ってもさっそく江戸期に入るわけで、これをまた幼い日のタツに語った祖父母の姿と、そこでの伝承を思い遣るところの「きじの子太郎」の語り口は決して疎かにはできない。昔話の生活史を併せ考えるならば、小笠原謙吉の報じた「桃ノ子太郎」よりは余程歴史が古かったのではなかろうか。ただし、このことに関してはこれ以上は深く立ち入らない。

桃太郎の腕白ぶり

話を戻す。いずれにしても、これらの話の様子は、さきに示した山下久男の報告をいずれも凌駕していた。これからして、仮に山中町の中島すぎ媼の一編をもってしても、北陸道の桃太郎は、客観的にはここにおいて、もはや単なる「異譚」としての位置を退け、これこそが在地の桃太郎であるとする保証と名乗りを挙げたことになろう。

それにしても、こうしてきちんと筋書きを整えた話が、これを語り進めて行くに当って、いつもいつも欠かすことなく主人公の腕白ぶりを強調しているのは、これはいったいどういうわけなのであろうか。前章で示した「村上光平」の場合に同じく、すぎ媼の話も例外ではない。「ほいて十五、六にもなったと思たら、だんくら坊んなってもうしようがなかったんやて。隣のじっとどんていう人の屋根にこんな大きい木を引っこいて来ては持たしては、そういうだんくらしてもうどうもならなんだ」という有様で、山下の例に負けず劣らずこれを説いていた。さきに私はこれをして、この「一条の存するのに、大方の注意を強く促」したいと記しておいた。ここでは再度これを確認しておきたいと思う。なお資料としては下田村立鹿峠中学校編『越後下田郷昔話集』（昭和五十一年十二月）所収「桃の子太郎」も整って佳い内容であり、かつこうした条件をすべて備えている点で見逃せない一篇である。

つかめないまっとうな桃太郎

中国筋の桃太郎と未成の芸能

先学関敬吾はかつて山下久男の報じた「桃太郎異譚」の処遇について「この昔話を（柳田）先生が桃太郎との関連でいかに解されたか聞いて見る機会もなかったが」と記した。しかしこの発言はいかにもあいまいで、かつ微妙である。前述のごとく、その山下の昔話集の刊行は昭和十年（一九三五）であった。しかし研究史の上からすれば、さらにその一年前に礒貝勇の『安芸国昔話集』が上梓されている。そしてそこには、これまた大いに注目すべき中国筋の「桃太郎」が報告されていたからである。前後関係からしても、関はなぜこれに言及しなかったのだろうか。その後もいったい、何を慮《おもんばか》っていたのであろうか。ただ、それにつけても、顧みるにそのころ、広島県を中心に中国筋一帯の情報をもたらしてくれる議員は、柳田國男にとってはきわめて有力にして、貴重な存在であった。その議員が同書所収「第一八番桃太郎」として発信していたのが、次の一話である。

「桃太郎さん〳〵、今日は山へ行きませう」「山へ行かうにやァ背負梯子《オイコ》がない」「おいこは父《トッ》つあんのが有らうがい」「おいこはあつても杖がない」「杖も父つあんのが有らうがい」「杖はあつても鎌がない」「鎌も父つあんのが有らうがい」

桃太郎さんが皆と一緒に、山へ柴刈りに行つた。友達《トギ》は荷を一生懸命に作つたが、桃太郎さんはおいこを枕にグーグー寝たげなよ。「桃太郎さん〳〵もう荷が出来たけん皈《かえ》りませう」トギが桃太郎さんを見ると、大小便《オーショーベン》をして居つて、荷が出来とらん。桃太郎さんが起きて眼をこすり〳〵あたりを見ると、トギの荷は出来とるが自分の荷が出来とらん。桃太郎さんは傍《ネト》の大木に抱《ダ》きついて力一杯引き抜いて、それを荷にして皈つたげな。

桃太郎さんは、寝とつて大小便をたれたが、荷は作つたげな。

▽安芸郡矢野町出身の伊藤悟氏から聞き採つたもので、伊藤氏は五つ位の頃、父から度々聴いたものだと云はれ、尚、話の最初が却々調子よく語り出されたものだつ

たとも云はれた。

一読するに、なんとも呆気《あっけ》ない。こうしてみるに南加賀はすぎ媼の例に比較するまでもなく、この話はこれではたして完結していたのだろうか、それとも本来在るべきはずの、何かの断片ではなかったのかと思わずにはいられない。それにつけても「註」にいう「話の最初が却々調子よく語り出されたものだつた」の一言が参考になるように、実際、その辺りは必ずしも独立した散文伝承というよりは、むしろ一定の韻律を伴う、いわば韻文伝承としての印象がすこぶる強かった。事実「今日は山へ行きませう」「山へ行かうにやァ背負梯子《オイコ》がない」「おいこはあつても杖がない」「杖も父つあんのが――」といった具合に、全体の流れはあたかもこれを尻取り歌風に連ねて行く、察するにおそらくこの部分は口拍子をもって囃《はや》すようにして語ったので、そういったのであろう。ただし、こうしたそこでの二人の遣り取りの中身は、一度発した前者の言葉を受けて、今度は後者が積極的にそれに逆らうかのようにして場面を進展させて行く点に大きな特徴があった。つまりそれは単なる尻取り歌ではなくして、いったんは前者を否定し、そのうえでなお継いで行くといった方法である。したがって、それは単なる尻取りではなくして、実態はほとんど問答であると理解してよい。これからすれば、いずれここには対立し、しかも言挙げする両者のありようから独立した一定の芸態が予想され、伴ってもどきそのものが充分想定されよう。その意味ではこれは未成の芸能であったとも目《もく》されるはずである。

言葉遊び唄

参考までにいえば、この種のありようを伝える例は現在も広く各地に認められる。わけても中国地方では子どもたちの「言葉遊び唄」に残っている。いま『山口のわらべ歌』（『日本わらべ歌全集』19下）所収「うさぎさうさぎさ」をみれば、それは次のごとくである。

うさぎさ／うさぎさ／なして耳が／長いか／ひもじゅうて／長いよ／ひもじきゃ／田作れ／田作りゃ／どべがつく／どべがつきゃ／洗え／洗や／ひやい／ひやけりゃ／あたれ／あたりゃ／あつい／あつきゃ／しどけ／しどきゃ／けつが痛い／けつが痛きゃ／円座しけ／円座しきゃ／のみがかぶる／のみがかぶりゃ／捕れ／捕りゃ／たえがたい／たえがたきゃ／法事よせ／法事よしようにゃ／米がない／米がなけりゃ／田作れ／（初めの「田作りゃ」に戻る）

そしてこの中身は、溯るに朝岡宇朝『子もり歌手まり歌』（『近世童謡童遊集』「日本わらべ歌全集」27）所収、

鷺よ〱、なぜくびうんなげた、ひだるさにうんなげた、ひだるか田う《（打）》て、田うち

や泥がつく、泥がつきや洗へ、あらやつめたい、つめたかあたれ、あたりやあつい、あつかひ(退)され、ひさりやひさり虫が引て行、どこ迄引て行、窓のそばまで引いてゆく

（以下略）

にまで言及するのが叶えられるはずである。

さまざまな桃太郎

それはさて措いても、思えば広島発、礒貝勇の寄せたこれもまたひどく手強い桃太郎であった。対するに遠くみちのくの一隅には、鬼を退治するのはともかくも、鬼どもから追い掛けられて必死に逃走する「妻覓《ま》ぎの桃ノ子太郎」がいた。柳田國男推賞の主人公である。その南の端には集中して「あっぱや」こと「せっちんどう」、いわく「便所の屋根葺き」に勤しむ桃太郎が現出し、ついでやや西に移れば、それらのルーツともおぼしき「閑所の桃太郎」たちが北陸路に健在であった。のみならず、そこにはさらに彼らに先行して怪力無双、しかも最期は空漠々たる在地の桃太郎が早くから潜伏していたのである。そこで、これに気を許すことなく、なお西に目を転ずれば、今度はなんと友達の誘いに一つ一つ抗い、その挙句、散々怠けたあとで轟然《ごうぜん》たる「大小便」を垂れる無法の桃太郎が登場してきたのである。もとより「標準お伽の桃太郎」なぞは一切当てにしない覚悟ではいたものの、こうしてみると、無事なる桃太郎はどこに

もいなかったのが現状ではなかったか。これではひとり柳田ならずとも、まっとうな桃太郎が「見当らぬのは遺憾である」と言わざるを得まい。しかし、事、ここに至っていくら愚痴をこぼしても、今になってはもうはじまらない。行きがかり上、しばらくはこの手の西日本一帯の桃太郎と付き合ってみたいと思う。

西日本の桃太郎

四国の桃太郎

西讃岐の桃太郎

礒貝勇の報じた桃太郎の存在は承知しつつも、それでいて柳田は『昔話採集手帖』にこれを採択することはなかった。おそらくは完結した一編の昔話としては、あまりにも欠けるところが多いと判断したからであろう。実際、それはなはだ不完全のみならず、内容からしてもあまり歓迎し得ぬ桃太郎であった。ところがその後、四国は多度津の武田明が、これまた同じような資料を示したあとで、彼は積極的にその件について言及していた。『西讃岐昔話集』（昭和十六年六月、のち『西讃岐地方昔話集』「全国昔話資料集成」9）所収「桃太郎」がそうである。次のごとくである。

桃から生れる奇瑞の誕生の条は無い。桃太郎は爺と婆と三人一緒に住んでゐる。或日の事桃太郎は近所の友達と山へ芝刈（ママ）りに行く約束をした。二三日して友達が誘ひに来て「桃太郎さん〳〵山へ芝刈りに行きませんか」と言ふと桃太郎は「今日は草鞋《わらじ》の作りかけしよるけん明日にして呉れ」と言ふ。翌日になつて友達が「桃太郎さん〳〵山へ芝刈りに行かんか」と言ふと「今日は草鞋のひきそを引つきよるけん明日にして呉れ」又翌日になつて友達が行くと「今日は草鞋の緒をたてよるけん明日にして呉れ」翌日になつて誘ひに行くと「今度はさあ行かう」と連立つて二人で山へ登つた。友達は一生懸命に芝を刈るが桃太郎は一本の大木に凭《もた》れて昼寝ばかりしてゐる。友達は一荷こしらへたので帰らうとすると桃太郎は凭れてゐた大木を抜いて家に還つて来る。家のおだれへたて掛けると木が余りに大きいので家は崩れて仕舞ひ爺と婆は下敷になつて死ぬ。桃太郎は爺と婆を助けようとして家の中を探し歩いてゐると大きな盥《たらい》があつた。それに乗つて川を下つて行くと海の真中の島に流れ着いた。島では青鬼と赤鬼が相撲をとつてゐるので見てゐると赤鬼が負けたので「赤鬼ウワハイ」と囃したてると赤鬼は怒つて「赤い豆やるきん黙つとれ」と言つた。今度は青鬼が負けたので囃すと「青い豆やるきん黙つとれ」と言つた。今度は見てゐると赤鬼と青鬼が一緒に転んだので囃したてると桃太郎にうつてかゝつたので桃太郎は二匹の鬼を束にして海中へ投入れ鬼の住家の宝物を取つて家へ還る。

（話者　三豊郡麻村　農　白川惣三郎）

此の桃太郎は力太郎系の昔話が讃岐にも存在することを証拠だてるものであり「寝太郎」も同系の話であることを暗示するものである。尚安芸国昔話集の桃太郎は此話の破片であらうか。

話のあとに付せられた註は、昔話に通暁していた武田明ならではの内容である。ここに説く「力太郎系」とは、いうまでもなく『昔話採集手帖』のそれを指している。さきに引いた関敬吾の一文が参考になる。これからしてこのときの武田は、安芸の国の「桃太郎」もこれと同じく「力太郎系」の話であって、しかもともに「寝太郎」話に近いと判断していた。

力太郎と寝太郎の系統

しかして、右に報じた西讃岐の「桃太郎」を「力太郎系」の一類に把握するのはそれとして、併せて「『寝太郎』も同系の話であることを暗示する」とは、いったいどこから来た文言であろうか。のち『日本昔話名彙』にもいうように、これは礒貝の報じた例の遣り取りの部分、ならびにここでの武田の資料にみえる「今日は草鞋の作りかけしよるけん明日にして呉れ」「今日は草鞋のひきそを引つきよるけん明日にして呉れ」「今日は草鞋の緒をたてよるけん明日にして呉れ」といった具合に、そのつど自己都合を言い立てて、一向に諾《うべな》おうとはしない。そのうえで何のかの言った挙句、ようやく応じたとなると、それでいて今度は周囲を仰天させるほどの途方もない破壊力を発揮するといった、そうした有様を訴えていたのだろうと察せられる。ちなみに「桃太郎」話でのこのありようは、『お伽草子』「物くさ太郎」の中で、太郎とあたらしの左衛門尉のぶよりとの、

「地《ぢ》をつくりて過ぎよ」と有ければ、「持《も》ち候はん」と申す。「さらば取らせん」とあり。「物くさく候程に、地もほしからず候」と申せば、「商《あきなひ》をして過ぎよ」とあれば、「もとで候はず」と申す。「取らせん」と有ければ、「今さらならはぬこと、知らぬ事、なりがたく候」

といった場面をそのまま想起させるものであった。先述のごとくに、関敬吾もこの辺りの情況については早くから注意を払っていた。『日本昔話集成』『日本昔話大成』を通じて「一四〇　力太郎」の「註」の一節に「朝鮮に於ては大力者、鼻息の荒い者、山を崩す男、大小便をたれる男である云々」としたのがそうである。事実「力太郎」は、なるほどどの話を閲《けみ》してもいかにも粗野で大力、しかもすこぶる単純素朴な男といった人物造型にあっ

た。しかしそれに比べて、いま話題に投じているこの桃太郎たちはいずれも権謀術数、ひとえに端倪《たんげい》すべからざる役者揃いであったようである。これが証拠に、その後も武田明によって続けて発掘をみた四国の例は『候えばくばく』（「日本の昔話」11、昭和四十年七月）、『井内谷昔話集』（「日本昔話記録」9、昭和四十八年十月）にそれぞれ報告されている。

この中、徳島県三好郡井川町井内谷中津の藤川鶴蔵翁の語る話は次のごとくであった。

徳島県井内谷
中津の桃太郎

とんとん昔があったそうな。

お爺とお婆とがあったそうな。二人が山へ木を取りに行たそうな。ほいだら川上から桃が流れて来たそうな。大けな桃じゃったので桃をさげて帰って、

「こんな桃は見たことがない。」

と言うて二人で食べたそうな。ほいだらしばらくして婆に赤ん坊が出来るようになったそうな。この年してどうしたことかいと思うとるうちに大けな赤ん坊が生れたと。桃太郎と言う名をつけて育てとったが並の子供よりずっと大きゅうになるんじゃと。よその子供が来て山へ木をおろしに行くんじゃと。

「桃太郎さん山行かんでか。」

と言うと、

「われは今日は棒がないけん行かん。」

と言うそうな。ほいでまた翌日になって来て、

「桃太郎さん、山行かんでか。」

と言うと、

「われは今日は鎌がないけん行かん。」

と言うそうな。ほいでまた翌日になったら来て、

「桃太郎さん山行かんでか。」

と言うと、

「われは今日は縄がないけん行かん。」

と言うそうな。ほいだらまたあくる日になって来て、

「桃太郎さん、山行かんでか。」

と言うと、

「ほいだら行くわ。」

と言うて一緒に山へ行たそうな。

よその子はみんな木を取るのに、桃太郎は山で昼寝ばっかししとるそうな。日が暮れてもういぬる時分になって、桃太郎はみんながよう動かせんような大けな木を一人で切って来て、

「ようけ出来たけにもう帰らんでか。」

と言うんじゃそうな。みんなはびっくりして桃太郎と一緒に帰ったそうな。桃太郎は爺と婆の家に帰って来て、

「爺よ、婆よ、今もんたぞ。」

と言うたんで、爺と婆が出て見ると、大けな木をじょうに（たくさんに）切っとるのでおぶけたそうな。

ほいで、

「これだけ力があったら鬼が島へでも鬼征伐に行けるわ。」

と言うと、桃太郎は、

「そうか、よしよし。」

と言うて、お爺とお婆に弁当を作ってもろて鬼が島へ鬼征伐に行たそうな。

すでに指摘したごとく「そのつど自己都合を言い立てて、一向に諾おうとはしない」問

答をここでも丁寧、着実に踏襲している。この手の話にとって、この場面がいかに重要な意味を擁しているかを察知させよう。語り口は簡素だが端正な一編だと評し得る。

徳島県東祖谷の桃太郎

ただし、他にまだある。この間、同三好郡東祖谷山村字大枝在住の細川頼重は『あめご八の話——祖谷山むかしばなし——』（昭和四十七年五月、のち『東祖谷昔話集』「全国昔話資料集成」10、昭和五十年二月）に当地の通称「あめご八」こと、後田八蔵の語る「桃太郎さん」を報告していた。

とんとむかしもあったそうな。むかし、爺さんと婆さんが桃太郎さんと一緒に住んで、その日その日を何ごともなしに、気楽にすぎはいしよったそうな。

天気の悪い雨の降る日は、爺さんと婆さんは、おちらしを碾《ひ》いたり、稗の粉を碾いて団子も作ったりするけんど、天気の良《え》え日は、爺さんは山へ柴刈りに行くし、婆さんは川へ洗濯に行くのが仕事だったそうな。桃太郎さんは、日に日に我《わあ》のしたいことびゃあして遊びよったげな。

今日も爺さんと婆さんは仕事に出かけようとしよったが、我《わ》んく（我が家）を出しなに爺さんは、桃太郎さんに言いきかせをしたそうな。

「お前も大きゅうなったんじゃきにのうや、こまい子供のように日にち毎日、遊んでばっかりおらんと、ちったあ我んくの足《た》すになることせにゃあいかんぞよ」と言うて山へ行ったそうな。そして、夕方《ようかた》になると、爺さんと婆さんは仕事がすんだきに、我んくへ戻んてきて、囲炉裏《ゆるり》にぬくぬくと火《ひい》焚いて当たりもって茶あ飲みよったそうな。そのうちに桃太郎さんも戻んてきた。

桃太郎さんは、家のたすになることしようと思うて山へ出かけたが、木《きい》切ったこたあなし、柴まるけたこたあなし、仕事するすべ知らんきに、立てりよる株《くんぜ》になるような木を根元から引こ抜いて、担《かた》いで戻んて来た。桃太郎さんは、我んくへ戻んて来ると、

「おじいさん、今戻んて来た」

と言うて、担いできた木をずしりと家にたてかけた。そしたら、バリバリバリと家が潰《つぶ》れてしもうて、爺さんはめしぞうけに首突っ込んで、婆さんは雑炊鍋に首突っ込んで死んでしもうたと。

驚天動地。どういうことなのであろうか。よくもまあ、これで「桃太郎」とはいったものである。そうではなかろうか。だいいち話とはいえ、これでは一編の昔話としてはほとんど整合性に欠け、あまつさえ、全体の不協和音はすこぶる著しい。何がそうかというに、

話の展開では、そもそもがこの「桃太郎」の名の由来が判らない。主人公がなぜそれを名乗るのかの説明がまったく為されていない。ついで重ねて説いてきたところの、大切だと見做されるはずの問答体の場面が一切ない。いわばこうした無い無い尽しのうえで、しかも最終的には突然「そしたら、バリバリバリと家が潰れてしもうて、爺さんはめしぞうけに首突っ込んで、婆さんは雑炊鍋に首突っ込んで死んでしもうたと」いった態の、まことに呆気にとられるような結び方をしていた。もっとも、西日本に認められるこれの類型では、極端な話、ここまではいわずとも、それにやや近い傾きを示している例はまったくないわけではなかった。

ももく太郎と山行き型桃太郎

たとえば立石憲利の『しんごうの民話――岡山県神郷町の採訪記録I――』（平成七年三月）収載の「ももく太郎」、あるいは島根大学国語教育研究室『島根県八束郡美保関町民話集』収載の「桃太郎（山行き型）」がそうである。参考までに続けて提示してみる。

ももく太郎が大きゅうに成長して、力が余ってやれんようになって、お爺さんのかわりに、山へ木ぅこりぃ行っても、そこらじゅうにある大きい木から選《よ》って、根こぎ担えで帰りょうった。持って帰ったとこで置くとこもなえ（ない）、大きなものを。

で、お爺さん、ように困りょうったいう。

ある日、山の木ぅ根こそぎ大きなのを担えで帰って置いたら、地響きがして家がめげた。

「もう二度とももく太郎、こがあなものは持って帰らんようにしてくれえ」いうて、お爺さんが泣き泣き頼んだいう。

とんと昔があったげな。昔、怠け者の桃太郎というものがあったげな。友達がやってきて、

「桃太郎、桃太郎、山行かや」

「今日はわらじがない」

今度もまた友達がやってきて、

「桃太郎、桃太郎、山行かや」

「今日はにかわがない」

ほいからにかわをこしらえて、今度また友達が来た。

「今日はせなかせがない」

そんでなんにもができてから山行きて。そうして今まで行かだったのをいっぺんに持って帰ろうというので大木をになって帰った。が、家に来てから家がつぶれてしまった。こういうわけですわ。

前者は同町下神代岩屋の冨谷正一氏（昭和三年六月九日生）、後者は同町千酌の松本寛太郎氏（明治三十二年生）から聴いている。

しかし、改めて振り返るにつけても、いったい世に行われる説話には、ということは昔話をも含めて、通常教訓性というか、話の結末には、事、ここにいたるまでの成り行きを強く諾《うべな》おうとする傾向と、伴ってまた、それにふさわしいいくつかの言辞、言質があった。たとえば早く『宇治拾遺物語』にみえる「ものうらやみはせまじきことなり」とか（「鬼に癭《こぶ》とらるゝ事」）「されば物うらやみはすまじき事也」（「雀報恩事」）などとするのがそうである。これがあって、話ははじめて「昔はまっかう」（『福冨長者物語』）、つまりは現行の「どっとはらい」や「しやみしやきり」といった終焉《しゅうえん》の言葉を迎えたのである。それが常態であった。ところがこの話に限ってすれば、そうした穏当な雰囲気はまるでない。傍からみても動顛するような爺婆の二人の頓死といった、無分別で滅相もない終わり方をしていた。察するに一瞬、唖然とした聴き手の顔を眺めわたしながら、そのとき、当のあめご八自身はそこでの反応を窺いつつ、案外してやったりとばかりに北叟笑《ほくそえ》んでいたのではなかろうか。

意外な結末と語り手

と、するならば、まこと意想外なこの結末は、どうもそこでの語り手たる後田八蔵が怪しいのではないかと、私は疑う。どうであろう。それというのも、編者の細川頼重は「あとがき」の中で、彼については次のようにいっていた。

あめご八は、本名を後田八蔵といい、あめご（マスの一種）を釣るのを得意として、これを売って生計をたてていた。あめご八の住んでいた東祖谷山村名頃は、当時あめごが豊富であったが、あめご釣りだけで生計をたてていたのは彼をおいて他にはなかった。（中略）あめご八はまた人の良いおじいさんで、一人で暮らしていたが、近所の子供たちの人気の的であった。子供たちが集まって「八おじよ、また話してや」とせがむと、たいぎがらずに、すぐ身ぶり手ぶりで、面白く話してくれたものであった。（中略）何かの話のついでに、彼の家は木地屋《きじや》の出身であるということを聞いたことがある。あめご八自身は木地師ではなかったが、彼が語りついだ話は、木地屋の間で語られていた話だったかも知れない。また彼自身も木地屋ではなかったとはいえ、釣り竿一本で生計をたてていた特殊な職業の者であったことも、考慮に入れて考えなければならないだろう。

かくして四国は東祖谷山の〝あめご八〟こと、後田八蔵に向けての右の解説はさらにいっそう忖度されなければならないと思われる。なぜならば、ゆくりなくも、ここから想い出されるのは、やはりこれと似たような境遇にあって、しかもまた同じような傾きにあった語り手たち、というよりはむしろ軽妙な話の担い手であった男たちが、こうした話の世界ではよく知られていたからである。昔話の研究史のうえでは、先学鈴木棠三氏が早くに紹介された対馬の〝くったん爺〟が著名であった。「名は栗田仙吉、六十七歳。自ら無学だといった」(『くったんじいの話』所収「くったん爺のこと」)と、先学は報じた。そのうえで、爺は「昔話が性来好きで上手なところから、正月には子供たちが餅を携えてこの老を訪問し、昔話をきいて帰る。爺もまた自ら、彦八を気取って、『話千両』の一話の如きは、彦八の再現のごとき話し振りであった」とする。

異質な語り手

八蔵に通じるところはきわめて多い。そういえば、中国筋では広島県世羅郡上山村上壱歩《いちぶ》の〝嘘庄〟、あるいは〝嘘言いの庄助〟として名を馳せた光田庄助(安政四年八月生)。また愛知県北設楽《したら》郡津具村下津具の〝うそこき新左〟の竹内新左衛門。新潟は佐渡郡赤泊村山田の〃モンサクセンセイ〃こと、盲目の高田嘉門。さらには今も相変わらず話題を賑わしている岩手県二戸郡浄法寺町の〃ほらノサ〃こと小森福松（明治二年五月生）といった具合に、この手の男たちに広く通じるのは、一様に抜群の話上手、話の名手とはいうものの、それでいて一方、大いに注意すべきは、彼らはいずれもいずれも海千山千の、いわば相応にしたたかな生活者、それも少々危ない存在であったからである。村落共同体の中でいえば、一般のごく地道な営農の人びととは明らかに一味も二味も違って、そこにあったのはいうまでもなく、競って世間が一段と広く、しかも彼らは求めて諸所を渡り歩く、そうした職業の徒であったとする事実である。これをいって、細川は〃あめご八〃は「釣り竿一本で生計をたてていた特殊な職業の者であった」と記した。それが特殊な職業であったかどうかはさておき、村内の他の年寄りたちに較べて、この人が余程異質の語り手であったのはすでに明らかであろうと思われる。それからすると、彼がいつも「近所の子供たちの人気の的であった」というのは「八おじよ」の話は、大概が「身ぶり手ぶり」で、内容はしかもときに奇想天外、しばしば聴く側の意表を衝いて、面白おかしかったからに違いない。随時笑いをもたらしてくれたからであろう。したがって、もしもそうだとすれば、そこでのかなり奇矯な顚末も、それはそれ〃あめご八〃独自のご愛嬌、もしくは過剰なサービスの一端という具合に受け取れないことはあるまい。

伊予のボボ太郎

ところで、これをいま、後田八蔵個人の意図的な笑話への改変とか改《かい》竄《ざん》として話題に供するのなら、四国には他に一つ俎上《そじょう》に載せて然《しか》るべき材料があった。しかもそれは一度は研究史の上にあった。柳田國男が「ちつとも採集でない新作品で、しかも共産主義の教育を念じた」と評し、そのうえで「不適当なもの」の一つと判断した「星川周太郎」の「伊予を中心とした民話」の中の「ボボ太郎の話」がそうである。以下、全容を提示する。

ある処に父《とゝ》と母《ばゞ》が住んでゐた。

なんぼ稼いでも稼いでも、大仁者《おにじゃ》段（長者）が来て持ってえぐ（行く）ので、えゝ暮しができなかった。

父《とゝ》は山へ行って小間木《こまぎ》を取って来、母《ばゞ》は川へ出て洗濯をして、どうやらシャリ（飯）食ってゐた。

母《ばゞ》はお腹が大《おほ》けくなった。そいでも頼まれたスギもん（洗濯物）をしないことにや、お天道おがめなかった（日を送ることができなかった）。

ある日、父《とゝ》は山へ行った後で、母《ばゞ》はしこたまス、ギもんだえて（抱いて）ウンコラサと川へ出た。どれス、がろうかや、と二つの石をまたいで、足踏ン張ると、ボボがわれて太郎（男の子）がヂャボンと水ン中へでやった（落ちた）。

母《ばゞ》はス、ギもん、打っちやって太郎だえて戻って来た。

晩ンけになって父《とゝ》が戻って来て、訳聞いて「そんだらボボ太郎と名つけよ」と、云った。

ボボ太郎は大けくなって、父《とゝ》と母《ばゞ》は、爺《ぢい》と婆《ば》になった。

そンでもやっぱ、稼いだもン大仁者《おにじゃ》が皆ンな持ってえぐで、ちったァも（少しも）暮しが楽にならなかった。

ボボ太郎は爺《ぢい》と婆《ば》がふびんでならなかった。そンでもこいが俺らが家《うち》だけかと、彼《あっ》方此方《ちゃこっちゃ》訊くと、何処もおんなじだった。

「よし、ほンならあの大仁者、退治でくれるぞ」戻って来てから云ふと、爺と婆とは壺《つぼ》ン中（伊予の東部では床の下へ穴を掘って、作物を貯蔵する。それを壺と云ふ）から黍を出して団子を拵えて呉れた。

ボボ太郎は黍団子を持って出ると、彼方此方《あっちゃこっちゃ》から「ボボ太郎やいー何処ン行く」とおらんだ（叫んだ）。
「大仁者《おにじゃ》を退治に島へ行く」
「ほンだら俺いも行く」
「わいも行く」
「わしも行く」
「あしも行く」
男も女も老人《おど》も小人《こびと》も、ゾイ〳〵とついて来た。
腹がへってちや、どうもでけん、さあこれ食へ、とボボ太郎は黍団子を皆にやった。
そいから「わい等に第一番に大事なもンは、食ふもンだ、食ふもン奪《と》られて、どがいして生きンだ。さア、これからそれ取戻しにいぐんだ、皆ンなしっかりやれ」
ボボ太郎はかう云って「第一番」と書いた印《しるし》立てゝ、
わい等がもンを
奪り返せ
わい等が宝は
大仁者《おにじゃ》が手々に……

と、歌ひながら島へ進んだ。

大仁者は一たまりもなく、皆に殺された。

皆は沢山の「第一番」のもん、宝を奪り返して、エンサラ、ウンサラ、エンヤラヤと、村へ戻って来ました。めでたし〳〵。


なるほど、これはひどく厄介な「寄稿」であった。かつての日、柳田國男が手を拱《こまね》いたのもやむを得まい。判断として退けたのも無理はない。ただ、それでもここに及んで、なおそのころの柳田と同じ目線、もしくはその立場から等しく問責するのでは少々芸がない。では実質なぜこれの具合いが悪いのか、そのことに向けて少々述べてみよう。

話者の言葉遊び

最初にそれをいえるのは、何としても今日にいたるまで、右の一話に対してはその後、直接比較しうる同一事例の報告がない。これが障碍の第一である。対照すべき材料の追認のなされない場合、客観資料としての位置ははなはだ不安定で、結果として信憑性を保証するのは叶えられない。伝承資料を扱うとき、これはしばしば致命傷になりかねない。理由は学問的手続きが完了しないからである。ひとたびは孤立、孤絶した材料かと思われたにもかかわらず、想像を超えた遠隔の地から続けて同一事例が見出され、最終的にはそれらにもとづいて相互に話の位置の保全の遂げられたのは、さきの「閑所の屋根葺き」に示した。しかるにこの場合、それがまったくできない。したがって、これがため報告者星川の恣意的な改竄、要は彼の作意が著しく働いていたのではなかったのかとする疑惑は依然晴れないところであった。柳田が危惧したのは、当然ここにあった。ただし問題は単にそれだけではないはずである。

　そのうえで、この際きちんとしておきたいと思うのは、次の点である。たとえば、そこでの在地の「桃太郎」話を、とりあえずは「ぼぼ太郎」に改め、さらにこれをあえて世に問う挙に出て、具体的に星川はいったい何を期待しようとしたのであろうか。私にはどうもそれがよく判らない。彼にとって「桃」を「ぼぼ」に言い変えるのは、それ程に面白い着想であり、かつまた恰好な作業であって、しかもそれによってはたして何程の効果が期待しうると判断したのであろうか。そして、いかにも卑俗と思われるこの種の笑いを導入の手段とすることによって、次に彼は従来とは異質の話の受け入れ手、要は在地の昔話に向ける新たな眼差し、つまりはそれへの興味と関心、こうしたものを意図的に喚起し得るとでも考えたのであろうか。それともそれとはまた別にこうした地域の伝承資料にもとづく、斬新な創作活動の方法をここに別途試みようとしたのであろうか。はっきりいって、そのいずれもが判らない。しかし、わずかな言葉の置き換え、それもほとんど駄洒落に過ぎないようなこの手の言葉遊びによって、もしも話全体の趣向そのものが変えられるなどと考えたならば、それはおよそ安易な方便であり、かつ決定的な間違いである。しかもこの場合のように、低きにつく笑いに阿《おも》ねることによって、広くに迎合しようとするのなら、それは大きな錯誤であった。誤解である。昔話はそれ程脆弱なものでもなければ、いい加減なものでもない。それからして大要そこにあったのは、結局は星川周太郎個人の志の低さであったとしか評しようはあるまい。以上が私の感想である。

中国地方の桃太郎

話はこのさき中国筋の材料になる。四国の武田明や細川頼重の報告の一方で、久しくこの類いの「桃太郎」に注意を促してきたのは岡山の稲田浩二と立石憲利である。そこでの事例は『なんと昔があったげな――岡山県昔話資料集――』上（昭和三十九年十一月）所収の四例が早い。その中の「ももく太郎」と「桃太郎」を次に示そう。

岡山のももく太郎と桃太郎

ももく太郎は強力《ごうりき》だったが、大変な横着者だった。隣の若者が、「山へ木樵りに行こう」と誘っても、「ぞうりがない」、「せな当てがない」などと言って、なかなか行かぬ。やっと行ったかと思うと、切り株の上へ上がって、少しも働かぬ。夕方になって、その株木をうがして負うてもどる。株があまりに大きくて、かどへも置けず、木小屋へも置けず、とうとう、川へ流してしまう。

大きくなった桃太郎は、力持ちになる。だが、村人が「木樵りに行こう」と誘うたら、「ワラジを作らにゃ」とか、「ニカウをなわにゃ」とか、「マサカリや鎌をとがにゃ」とか言って、なかなか行かぬ。やっと出かけたかと思うと、株の上で昼寝ばかりして、昼飯を食うときだけ起きている。晩方になって、木を根こそぎうがし、負うて帰るが置き場がない。かども、木どこも困るというので、裏の川へ捨てる。その大音を、通りがかりの侍がきき、話を知って驚く。殿様に取りついだら、殿様は桃太郎を御殿に呼んで、鬼退治を命ずる。（後略）

「ももく太郎」は阿哲郡神郷町三室の大川松雄（明治二十七年生）、「桃太郎」は新見市下熊谷の藤井儀三郎（明治三十年生）である。いずれも前述「自己都合を言い立て」る問答体の場面、加えてさらにそこでの主人公を称して「強力」とか「力持ち」と説く文言のみえるところに留意したい。

奥備中の桃太郎

その後、岡山県下のこの種の「桃太郎」は柴口成浩・幸子『三室むかしこっぷり』（昭和四十四年七月）、稲田浩二・立石憲利『奥備中の昔話』（昭和四十八年二月）、稲田浩二・立石憲利『中国山地の昔話』（昭和四十九年九月）という具合に集中的に、しかもこの時期に矢継早に報告されて注意を集めた。わけても『奥備中の昔話』所収、哲西町川南の賀島具一郎（明治二十四年一月一日生）の語る一話は当時から断然他の資料を圧して異彩を放っていた。次のごとくである。

昔あるところに、爺さんと婆さんとおったそうで、爺さんは山へ木樵りに行く、婆さんは川へ洗濯に行く。洗濯うしょうたら、上《かみ》から、うっかりうっかり桃が流れてきて、へえから食うてみたらうまかった。「もひとつ流れえ、爺にやる。もひとつ流れえ、爺にやる」言ようたら、また、間もなく上から流れてきて、婆さん喜んで持ってもどって、そりょう櫃《ひっ》に入れて、爺さんがもどるのを待っとったら、爺さんが、

「ああ、婆さん、今帰ったあ」

「爺さん今日不思議なことがあった。川あ洗濯い行ったら、大きな桃が上から流れてきて、食うてみたらうまかったけえ、『もひとつ流れえ爺にやる』言ようたら、また流れてきたけえ、櫃《ひっ》い入れてとっとるんじゃ」。

せえから、行ってみたら、どうしても櫃が開《あ》かん。せえから、ますかりゅう持って割ったら、大けな男の子が出来《でき》た。

「お爺さん、お爺さん、なんとこりゃあ思えがけもない。家《うち》にゃあ子供がおらんのに、男の子が、なんと桃からうまれたんじゃが、桃太郎いう名あ付きょうか」いう。

「そりゃあえかろう」。

せえから、大きょうにしょうて、ある日のこと、近所の友達が、

「桃太郎さん、木ゅう拾いい行きましょうや」

「木ゅう拾いい行きゃあええんじゃが、なんにもこしらえが出来とらん」。せえから、あくる日、

「いま、にかわをなようる」[2]。せえから、あた、あくる日、

「今日は行きましょうや」

「今日は、にかわの髭《ひぎ》ょうむしらにゃあならん」。また、翌日に、

「今日行きましょうや」

「今日は、背な当ちょうせにゃあならん」

「今日行きましょう」言うて翌日に出たら、

[1]

「今日は、背な当てのひげむしりじゃ」。また、あくる日に出たら、

「今日、わらじゅう作らにゃあいけん」。また翌日に、

「行きましょう」

「今日、わらじのひげむしりじゃ」。せえから、また、

「今日行きましょう」

「今日は、ますかりゅうとがにゃあならん」。せえから、そのあくる日に、また、

「行きましょうや」言うたら、

「今日は、木鎌あとがにゃあならん」。せえから、そのまた翌日に出たら、

「さあ、今日は、拵えがまあ整うたけえ行くかなあ」。

せえから奥山あ行って、友達は、カンカン切る。桃太郎は、切の株の根太《ねた》で、いびきばっかりかいて、グウグウ寝る。せえから、

「桃太郎さん、なんと帰りましょうや」いうて、

「わしゃあまだ木ゅうひとつも拵えとらんのじゃ」

「どうも、わしらがあぎょういうても、あげるほど木ゅうこしらえとらんのでえ」

「ほんなら、わしゃあ、この木の株う、うがいて[(3)]負うて去ぬる」。せえから、ごっそ

りうがいて、
桃太郎はにかわを掛けて負うてもどって、

「ああ、お爺さんやお婆さん、いま帰りました」

「ああ、ご苦労じゃったなあ」

「なんと、こりょう、すぐ枯れとりますけえ、どこへ降ろしましょうか」いうたら、

「庭へないと負うて入《はい》れえ」

「きりゃあ、庭あ、せえでも降ろしゃあ庭がとびますで」

「そんなら、風呂場の口いでも降ろすねえ」

「風呂場の口い降ろしゃあ、風呂場がとびますで」

「そんなら、今度《こんだ》あ上の木小屋へ負うて上がって、木小屋へ降ろせえ」

「木小屋がとびゃあしますがのう」いうてから、降れえたら、どおうっと木小屋が
とんでしもうて、これが、昔こっぷりどじょうの目。

注　(1)ますか（まさかり、大型のおの）　(2)にかわ（荷を負う縄）　(3)うがいて（うがつ、
掘り起こして）

「注」もそのまま付した。一編の特徴はいうまでもなく、全体量に比して「近所の友達」

との例の問答の場面が著しく膨らんでいる点にある。これがため、話の構成はほとんどこの部分に重きが置かれ、反転して前後に省略が生じているのではないかと思わせるくらいの印象にあった。もっとも、この辺りの情況が面白いからといっても、それには相応に限度があるはずである。通例はこれ程ではない。本来は三度の反復、つまり三回の繰り返しが妥当ではないのだろうか。それがわずらわしいまでにこうして言葉が行き交うのは、そこでの興趣を一段と高め、聴き手の関心と昂奮を意図的に盛り上げようとするところに狙いがあったからであろう。もしもそうだとすればこのありようは、当然、そこにいたるまでのいつか、そしてどこかで徐々に増幅したのであろうことが充分考えられる。余計なコメントをするようだが、これがいっそう累積すれば、次には独立、分離して、やがてこの部分だけで独自の芸態が成立するのもあながち困難ではあるまい。否、それよりはむしろ、一方にはこうした問答態がすでに先行して存在し、それが話の中に転用されてきたのだとする意見も予測される。しかし、ここではその手の論議はひとまず措《お》いておく。

そしてそれはともあれ、客観的にいえば、早く広島の礒貝勇から発信された中国地方の「桃太郎」は、こうした資料の発掘によってようやく本然の位置を獲得したものと認められる。その意味で右一話の評価はすこぶる高いとしなければならない。

聴き手から話し手へ

さて、話はいくぶん脇に逸《そ》れるが、この話が採集、報告されて爾後《じご》およそ三〇年余。ところが、いまになってそのころにはまったく予想もしなかった事態が生じてきた。当の採集者、すなわちそこでの聴き手であった立石憲利が、昨今はこれの語り手になって今度はこの手の話を語るようになったからである。

まえまえから人伝てに耳にはしていたが、平成十年十一月二十七日、日本民話の会創立三十周年記念祝賀会の席上、私ははじめてその機会に接した。このとき、一人の自立した語り手、立石憲利によって、奥備中の「桃太郎」は久し振りに甦ったのではないかと思われた。わけてもその遣り取りの場面は、彼の話術を映して巧みに運ばれ、会場からは多くの笑いを誘って聴衆を魅了することになった。すなわち、桃太郎はなんのかのと注文をつけては一向に応じようとしない。いわばそのたびごとに頻《しき》りにごてるそこでの様子はあたかも当の立石自身のありようをそのまま体現しているかのような錯覚を起こさせるようで、すこぶるおかしかった。面白かった。ところで、その場での彼の語り口には、ひとたび山奥に赴いた桃太郎が、大木の根元に「ジャアー、ジャアーと小便を引っ掛けて」、それを引き抜いたとする文言と、さらにもひとつ話の最後に、それで散々「自己都合を言い立て」た挙句、やおら仕事に出掛けるのを「桃太郎のどう拵《ごし》らえ」というのだとする俚言のいわれが添えられて、注目された。それというのも実は、中国地方の「桃太郎」話には、どうやらこの手の諺が随時付き纏っていたのではないかと思われる節があったからである。たとえば酒井董美の『島根　ふるさとの民話』下巻（平成五年十月）には八束郡美保関町の「仕事もせず怠けてばかり桃太郎」が収められている。そしてそれの「NOTE」の一節に次のようなコメントがなされていたからにほかならない。

美保関町あたりでは、にわかごしらえをして出かけることを「桃太郎さんの山行き」と形容するが、もちろんそれは、この話の中で何度も誘われて断わりきれなくなった桃太郎が、急に山行きを承知して出かけるところに、その出典の理由があるのである。このような慣用句の存在は、以前はこの異種の桃太郎が親しく語られていたことを示しているのである。

右の説明に異存はない。こうした習いをいって、さきに一度私は昔話には「事、ここに至るまでの成り行きを強く諾おうとする傾向と、伴ってまた、それにふさわしいいくつかの言辞、言質があった」と記した。話のあとに俚諺《りげん》がこうして立ち上って来るのは、紛れもなくそれを言うものであったからである。

話の採集に務めるかと思うと、次にそれの伝承に荷担したりして立石はいつも忙しい。しかし彼の仕事は常に間断なく続けられ、近時も

立石憲利の見解

『しんごうの民話――岡山県神郷町の採訪記録I――』（平成七年三月）に「桃太郎」、ならびに先掲の「ももく太郎」。ついで『民話集　三室峡――岡山県神郷町の採訪記録II――』（平成八年三月）に「桃太郎」を報じた。同書では藤原シゲ代媼（明治四十三年四月十八日生）の事例を示した後、彼は従前の資料を総括して次のような一文を付していた。

「桃太郎」の変型の中でも代表的なもので、「寝太郎型」とか「山行き型」という命名がされているものである。桃太郎は横着者で、山に木こりにさそわれると、履物・にかお・背な当てを作るなどと、いろいろな仕事を口実に行かない。山に行っても働かないが、最後に大力を発揮する――という内容。鬼退治の部分が欠落しているものが多い。

「通観」（『日本昔話通観』）では笑い話「ももく太郎」（1122）に分類し、「桃太郎」とは区別している。鬼退治の部分のない話は、笑い話化の傾向が見られるが、異常誕生、鬼退治の部分など「桃太郎」との基本的な違いはなく、「桃太郎」の一つの型と考えるべきだろう。

伝承地域は県内では阿哲郡、新見市が中心で、高梁川流域で採録されている。全国的にみても高梁川流域を南北に伸ばした鳥取、島根、広島、香川、高知などの地域に限定されている。

岡山県は「桃太郎」を売り物にし、「桃太郎伝説発祥の地」などと宣伝している。県南に伝わる吉備津彦と温羅《うら》の伝説を「桃太郎」と結びつけたのは昭和初年であり、この点では岐阜や香川の方が先輩である。しかし、わざわざ伝説と結びつけなくても、阿新地方を中心に伝承される「桃太郎」こそ、全国に誇るべきものだといえる。その通りである。間違いない。もちろんこれには、さらにその後の材料を補わなければならない。ただし、ここに彼の説く内容はもはや動くまい。事実、その言葉の通り山陰の地からはその間も次々にこの類いの話が報告をみるにいたり、それを裏付けるようになっていたからである。

山陰の桃太郎

たとえば、田中瑩一・酒井董美『鼻きき甚兵衛――出雲の昔話――』(昭和四十九年六月) 所収「桃太郎」は次のごとくであった。

とんとんむかしがあったげな。
むかし、じいさんとばあさんとあったげな。そうしたところが、おじいさんは山へ柴《しば》刈りに、おばあさんは川に洗濯《せんたく》に行きておったところが、川上の方から大きな桃がね、ドンブラコ、ドンブラコと流れて来て、そいて、一つ拾ってかんだ（たべた）。おばあさんはおいしかったが、も一つ流れてきたらな、おじいさんに持っていんでやあに、と思っちょったら、また、も一つ流れてきた。

そうから、拾って帰って、えっさこらえっさこら洗濯やあ持っていんだら（帰ったら）、いまおじいさんはるすだけん、戸棚《とだな》へ入れちょかかいと思って、桃を戸棚に入れちょいて、そしたら、やがておじいさんが帰って、

「なんぞええもの（おいしいもの）は無《ね》か」

したら（そうしたら）、

「ええものがああよ。川で桃拾って、そして、かんだらおいしかったけん、おじいさんに戸棚にしまってああが」

てやなことで出いたところが、包丁でも割れにくかったげなけえね。ほから（それから）、ええこらええこら割ったところが、中から赤ちゃんが出ただげながね。オギャー、オギャーと赤ちゃんが出て、ようにびっくりぎょうてんして、

「まあ、こりゃ男の子だわ」

てやなことで、おじいさんとおばあさんがだいじに育ててねえ。

そうしたところが、友だちは柴刈あにでも、松葉さでえ（松葉かき）に行きて、け、
桃太郎は毎日遊んじょうことだ。そかあ隣の子どもが、

「桃太郎、桃太郎、山へ行かだねか（行こうじゃないか）」

「さあ、行きてもいいが、なにしに行くだ」

「松葉かきに行かや」

そいかあ、

「まあ、待ってごせ、今日は負籠《おいこ》作らにゃならん」

そいから、また、あくる日行きたら、

「山へ行かや、桃太郎」

「今日はにかわ（背負い綱）作らんならん」

また、あくる日、さそいに行きたら、

「今日はわらんじ（わらじ）作らんならん」

「三日もかかって待たせえか」

てて言ったら、

「そんなら、今日は行かか」

行ったところめが（ところが）、友だちはどんどんどん、落葉かきすうにかあに（するのに）、桃太郎さんは日なたぼっこして、け、なんだりかき寄せっさらん。そうから、

「桃太郎、もういなや（帰ろうや）」

「なんだい荷が無ていなれぬわ。ここに大きい大きいほうたがああが、松の根っこがああが、これ負《お》いていなか（帰ろうか）」てやなことで。そうかあ、友だちは、松葉持っていぬるし、そうかあ、その松の根っこをえっこらえっこら背負うていんだだがね。

「ばあさん、薪《たきぎ》取って戻った」

「大きなもんとって戻《もど》って困ったな」てて。

「どこへ降ろさか。庭へ降ろさか」

「庭がおげて（掘れて）しまあけん、庭はいけん」

「門《かど》へおろさか」

「門もいけんわ。ように穴があく、ポテンと落といたら」

「ああ、もはや荷を降ろさにゃ重たていけんけん」

てて、便所の前へボテーンと降ろいてしまったら、そげしたとこうめが、

「まあ、大けなものを取て戻ったなあ」

てやなことで。

そいて、夜、おばあさんの便所へ行くてて出ましたら、松の根っこにひっかかって
ころんで、

「こりゃ、たいへんだわ」

て、もんでもさすってもなおらぬことで、

「こりゃまあ、寝て動かれぬことになってしまったわ。あげな大きな木、取って戻
うけん、ま、困ったことしたわ」

そうかあ、この腰の痛いには鬼の生き肝《ぎも》を取って戻らにゃいけん。

「そんなら鬼征伐に行かにゃいけんわ」

てえことで、桃太郎が、

「どげなことしてでも、おばあさんの腰はなおさにゃいけん。鬼退治に行く」

てて言ったら、おばあさんがきび団子をこしらえてやってね、袋に入れて腰につけて行くよったら、犬が来ただがね。そうかあ、

「桃太郎さん、桃太郎さん、どこ行くかあ」

「いま、鬼が島へ鬼征伐に、鬼の生き肝取うに行く」

「その腰のものは何だかい」

「日本一のきび団子」

て。

「そんなあ、一つちょうだい。食て、ついて行く」

て。

「そんなら、一つやらか、ついて行く」

そしたら、歩きよったらきじが来ただがねえ。そいかあ、

「桃太郎さん。どこ行くか」

「いま、鬼が島へ鬼征伐に行く」

「腰のもなあ何だかい」

「日本一のきび団子」

そいかあ、また一つやってから、家来にし、そいかあ、こんだあ、どんどん行きよったら猿《さる》が出て来て、

「桃太郎さん、どこへ行くかあ」

て。

「いま、鬼が島へ鬼征伐に行く」

「腰の団子を一つくれたら、おともすうが」

てて。また、一つやって来て。――簡単な家来さんだわね――。

そいから、みんなづう（連れ）で行きて、鬼退治してね、生き肝取って戻って、おばあさんに食わいて、治《なお》いてあげたてえ話だ。


語り手は八束郡八束町二子の足立チカ媼（明治二十七年生）であった。これによって、山陰の地にもこの種の話はきちんと伝えられていたのが判る。そこでの記録によると右一話の「収録」には酒井董美が当っていた。ちなみにそのころ、酒井は島根県立隠岐島前高等学校に勤務しつつ「郷土部報　島前の伝承」（昭和五十年十月）を発行していた。その中に菱浦の山崎ツギ媼（明治三十二年二月二十八日生）の「桃太郎」が収載されている。話の一節に、

——一生懸命かわいがって、そろ大きにして、七つ八つになるやあになったら、その子なかなか、その、ものもってたたいたり、まあ、こういう悪いことばっかりならわするちゅうことはいけん思ったけど、子どもは、いうこと聞かすと、なんだっとそのものをたたくまねばっかりすんで——

とする語り口があった。思えば、海を越えて隠岐島にもかつての日、この類いの「桃太郎」は健在であったのであろう。

以上、資料の紹介に追われて長くなった。またさらにいっそう儀貝の古い報告を補うべくいうのだが、私どもも瀬戸内の島々に昔話を聴き歩いた際、広島県豊田郡大崎町の菅原キサ媼（明治四十二年七月二日生）から「桃ノ子太郎」の題のもとに同種の話を収録した。資料は『採訪記録　ひろしまの民話』第二集（昭和五十七年四月）に収載した。加えてつい最近では田中瑩一教授の指導のもと、島根大学国語教育研究室が『島根県八束郡美保関町民話集』（平成九年三月）を刊行し、そこには同地域の「桃太郎（山行き型）」は都合七話報告されている。資料として有力である。

かくして、四国を含めて西日本一帯に行われる「桃太郎」話の大概は示し終えた。改めて云々するまでもなく、ここに認められる話群は、従来の桃太郎像を大きく突き崩し、一方ではまた現在なお各地に鬱屈《うっくつ》する〝在地の桃太郎〟たちに新たな勇気を鼓吹する機会になったものと考えている。これを要するに現今ほとんど偶像化した「桃太郎常識」を見直し、かつまたそれぞれに在る〝もう一人の桃太郎たち〟の再生と復活を促す契機になればよいとも思っている。

桃太郎たちの再生

もっとも、当面はまずそれを希求するものの、それでも次に多岐にわたる個々の話の位置づけになると、これは相変わらず手強《てごわ》い。たとえば、さきに私はいったんこれを「桃太郎の原型」と見立てて「山中の異童子、桃太郎力持ち」（『昔話の森』所収）の問題に言及した。論旨はいまも変わらない。しかし、重ねてここにみてきたごとく、こうして西日本の地に顕在化する「山行き型」の桃太郎、わけてもそこでの問答の場面に、いったいどのような解釈と理解を及ぼすのがよいかとなると、論議はまだまだ詰め難い。これの要諦と見做し得る、この問答の部分をいかに解読するか、おそらくはそれによって話全体の趨勢が左右される結果を招来するであろうが、これへの提案はともかくも、早急な判断への試みはいましばらくは措《お》いておきたいと思っている。

桃太郎の宿題——エピローグ

在地の桃太郎の開放

「北陸路の桃太郎」「西日本の桃太郎」といった具合に、続けてその向きの話を示してきた。別に奇を衒《てら》ってのことではない。本来この種の「在地の桃太郎」たちはもっと早くに言挙げし、かつ取沙汰されて然るべきはずだったのである。それが何を遠慮してか、彼らは等し並み世間一般の、ごく「常識」的な桃太郎の前に逼塞《ひっそく》していたに過ぎない。ただそれでも今回の紹介によって秘められていた「桃太郎事情」は、ようやく明らかになってきたと思われる。桃太郎はここにようやく開放されたとしてもよい。しかしこうした結果、それに伴って次にまた新たな話題や課題が生じてくるのは、それはそれで当然の帰趨である。ここでは、それらについて簡単な整理を試みるとともに、そこでの私見を少々添えておきたいと思っている。「桃太郎の宿題」とでも称すべきであろうか。

その際、最初に確認しておきたい話題は大きく二つある。

桃太郎力持ちのモチーフ

一つはいうまでもなく、ここにいたって西日本一帯に拡がる話がひときわ著しく現出し、しかも独自の伝承圏を強く主張してきたとする事実である。今後、わが国の「桃太郎」話を云々する場合、この事態を無視することはもはやできまい。顧みてもたしかにこの種の話に向けては、巌谷小波《いわやさざなみ》はいうまでもなく、西一の『国民須知 昔話桃太郎評釈』(明治四十二年十二月)や、またその後の金田晴正の『桃太郎の研究』(昭和二年十一月)にも触れることはまったくなかった。しかしそれにもかかわらず、江戸期に成立したとみられる絵巻には、おそらくはここに通底すると考えられる「桃太郎力持ち」のモチーフのもとに、こうした主人公たちの姿はしばしば認められるのであった。したがって、こうしたありようにもとづいて先般、私はこれを「山中の聖なる異童子」と見做し、併せてここに重複するイメージとして「金太郎」の存在を指摘した。事実、日ごろ親炙《しんしゃ》する金太郎の絵柄には「山姥金時」を筆頭に「熊金時」「猿金時」、そして「鯉金時」が著名である。さらにその中の一つに「松金時」がある。しかしてそこでの「金太郎」は、大きな松の幹にしっかと抱きついて、まさにこれを引き抜こうと力んでいたのである。この姿は山中に赴いた「山行き型」桃太郎の、そこでの荒業にそのまま通うものであって、見逃し難い。

ところで、研究者間ではこの種の話に関してはこれまでこれを「山行き型」という具合に整理してきた。ただしそれはあくまでも話の型にもとづいての便宜上の分類である。それの本質であるとは必ずしも考えられない。それよりは、この手の話群にあっていっそう重要かと目されるのは、むしろその前段にある例の問答体の場面ではなかっただろうか。それではなぜこの部分に注意を向けるかというに、そのときどうであろう。たとえばここでの両者がこのようにし

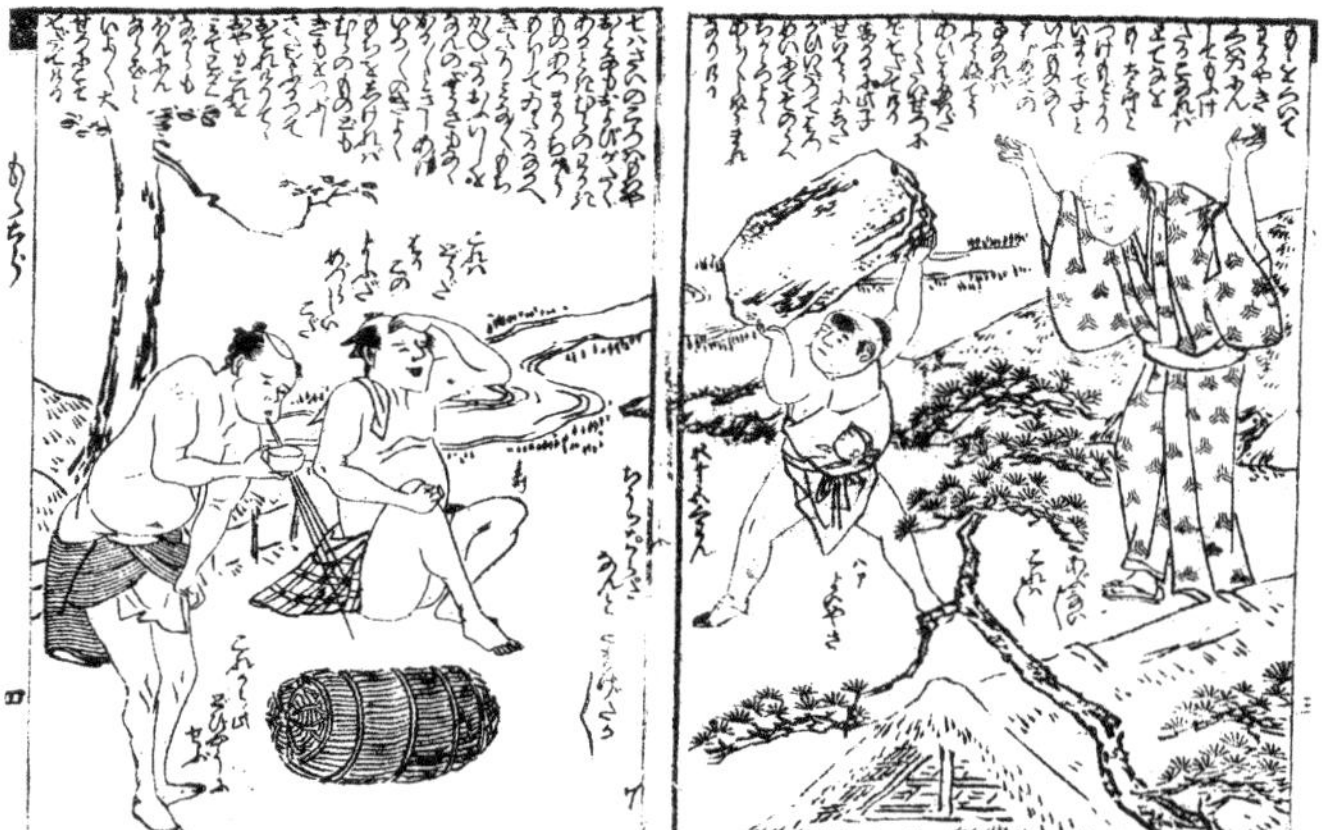

図８　黄表紙『昔し桃太郎』（桃太郎の力持ちの場面）

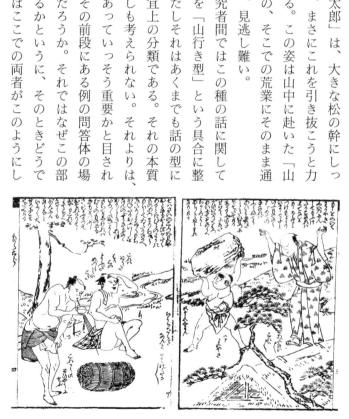

て相互に言葉を交わし合っているうちに、そこでの主人公の気分は漸次昂揚、高調し、その挙句おそらくは通常とはやや異なった心持ち、いうなれば明らかに普通ではない情況、つまりは尋常ならざる状態に陥って行くのではなかったか。一種の憑依《ひょうい》状況である。もしもそれを考えるとなると、実はこの問答体の部分こそ、そもそもがそうした情況を招来させるための重要な仕掛け、もしくはそれを予期させる意図的な装置であったと思えるのだが、はたしてどうであろうか。さきに一言この点に触れて「この部分だけで独自の芸態が成立するのもあながち困難ではあるまい」（二〇一ページ）としたのは、これが理由である。

そこで、仮にもここでのそうした理解や認識が許容されるならば、次に話の主人公がやおら山中に赴き、そのうえで言語に絶する大力を発揮して大暴れをするというのは、結局はそうした荒々しい所業によって、すでに尋常ならざるありようであるその状態を示す所作であると考えることができよう。そしてその際、童子の寄り付く樹木が選んで「松」であるのは、いうまでもなく、これがすべからく影向の松であるのを暗示していたはずである。憑依の象徴と理解し得よう。以上、やや一方的に踏み込んだ言辞を弄する結果になった。しかし、これをもって、西日本一帯に行われるこの類の話が、いまにいう「桃太郎」話の原型であるとか、古態を伝えているなどというつもりはまったくない。そうした短絡的な考えはしたくない。だいいち、ここでの「桃太郎」という名義自体、そもそもが浮遊する象徴記号のそれであって、かなり後から入り込んできた「文化記号」の一つに過ぎなかったことも充分推察し得るからである。思えばここでの原核、原質はむしろ単に「力太郎」そのものにあるというべきかもしれないのである。

果生型と回春型

続く「宿題」の二つ目は、話の冒頭の場面に関してである。すでに言ったように（「プロローグ」、四ページ）柳田國男の『桃太郎の誕生』の核心は、「〝小さ子〟の発見」にあった。しかるに実際には一方で、川上から流れてきたごく小さな桃を拾い上げた老媼（図9、高松市歴史資料館蔵、ならびに小久保桃江氏蔵『桃太郎絵巻』参照）がこれを食べたところ、その場で立ちどころに若返る（図10）。のみならず、伴侶の老翁もこれまたそれにあやかって若者に甦える。そのうえで二人の間には改めて男の子が出生した（口絵1、某氏蔵『桃太郎絵巻』）と説く設定の仕方があった。従来はこれをして「回春型」と見立て、他方を「果生型」と仕分けてきた。そして、この二つの「型」を理解するに当っては、さきがけて口承の世界に伝えられる「果生型」が存し、後、これを受けて「回春型」が成立したとするのがそこでの認識であったようである。たとえば瀬田貞二は『落穂ひろい』上巻第二章「赤本」（一九八二年四月）の一節に次のようにいう。

——奥村板『むかしむかしの桃太郎』は、藤田秀素という、これも素姓のわからない画家が描いていて、重信よりはるかに政信ふうで、落着いた筆遣いを示しています。そして調書も重信より素朴に思われますが、秀素の扱いも、桃から桃太郎が生まれずに、爺婆が桃をたべて若がえり、桃太郎が生まれたという合理的な解釈に立っています。このあたりまでくると、瓜姫のように瓜から姫が生まれるという口誦の大らかなふしぎは、小粒な社会の現実相にもみ消されてしまったと、考えられます。

と。もっとも、この事に関して彼はその第一章の中でも、

——桃太郎は、この時期（寛文の公平本発生期）以後の創案ではなかろうかと思われます。（中略）そして、江戸初期の金時（または金太郎）愛好が、急に公平という英雄の劇化に至った時期に、在来の伝承モチーフと結びついて（瓜には桃、大江山には鬼が島）、新しい英雄（金太郎にかえる桃太郎）が生まれたのではありますまいか。

と説いていた。要するに「回春型」の話はそもそもが「桃から桃太郎が生まれ」るとする「在来の伝承モチーフ」にもとづいて、後「合理的な解釈に立っ」て「創案」されたものである。したがってそれはすでに「口誦の大らかなふしぎ」を許容し難くなった「小粒な

図９　流れてきた桃を拾う嫗（『桃太郎絵巻』より）

図10　若返った嫗をみて驚く翁（小久保桃江氏蔵『桃太郎絵巻』より）

社会の現実相」を映したありようであると見做したのであった。きわめて現実的な認識だと評し得る。瀬田にみられるこうした判断は、基本的にはその後も継続して用いられているとしてよい。さきごろ『読本研究』第七輯下套（一九九三年九月）に、新潟県黒川村公民館蔵本『新板絵入桃太郎物語』を翻刻紹介した舩戸美智子も、そこでの「解題」の対応では、いったんは「回春型」といったすこぶる魅力的なテーマに遭遇しながら、それでいて、これを単に「合理的な解釈」と直線的に捉えたがためにかえってその拘束から逃れ切れず、そのまま隘路に紛れ込んでしまったかの感を免れないようである。

桃太郎の祝儀性

そこでどうであろう。これをも少し違った観点から一定の振幅をもって見直し、そのうえで別途異なった評価を引き出すことはできないであろうか、とするのがここでの発議である。そのとき私はこれら一連の文献資料、ならびにおそらくはそれと深くかかわった発想の下に成立したと思われる『桃太郎絵巻』そのものに、ひとたびは強い祝儀性、さらにいえば非日常的な祝儀物としての性格を見出したいと思っている。なぜならば、その冒頭部、すなわち天空に近い遥か水分《みくまり》の地から発信せられた果実と、これを天与の物として食した老翁、老媼が水辺にあって忽ち変若《お》ち返る。のみならず、この復返《おちかえ》りによって彼ら二人の間には久しく望んでいた子どもが授かるといった、この上なくめでたい事態が出来《しゅったい》するからにほかならない。無上の至福である。では客観的にこの発想はいったいどこからきたのであろうか。それを思うに当って、私はこれを「小粒な社会の現実相」を映したありようであるとは全然考えない。そこにあるのはむしろ、それとはまったく逆の、依然として「大らかなふしぎ」を「大らか」に受け入れようとする文芸伝統にあるものだと認識したい。考えるに、それはおそらく『お伽草子』の精神世界をそのまま忠実に引き継ぐものではなかったのだろうか。

それというのも、知られるように『お伽草子』二十三編の冒頭を飾る「文正さうし」は、当初は雑色《ぞうしき》に過ぎなかった塩焼きの文太《ぶんた》が、忽《たちま》ちのうちに長者に成り上り、しかも彼の家はその後もますます富み栄えて行くといった、典型的な立身出世の物語であった。「成り上る物語」である。その際、この一編は緒言の「めでたきこと」に始まって、重ねて「めでたき」文言を連ね連ねて、そこでは文字通り「めでたき」「言葉に花を咲かせつゝ」主人公の栄達を図るといった仕様にあった。それだけではない。無事にこうした達成をみた内容であればこそ、文末に一言この物語は「まづ〳〵めでたきことのはじめには、此さうしを御覧じあるべく候」と謳っていたのである。読む人は等し並、みなこの「めでたさ」にあやかれといった機能を期待したのである。他のすべての作品にさきがけて「文正さうし」の用いられた意味はいつにここにあったとしてよい。否、むしろそれは劈頭《へきとう》を飾る作品であるといった意味合のもとに意図してこうした文言を重ねて用意したとも理解されよう。さすればここに及んでもはや贅言《ぜいげん》は要すまい。今日私どもの身辺に相変わらず他の話にさきんじて、第一に「桃太郎」が位置づけられ、そのうえでなお「何はさて措《お》き桃太郎」「何が無くても桃太郎」といった気分が瀰漫《びまん》しているのは、そこにはひとえに「桃太郎の祝儀性」、もしくは「祝儀物としての桃太郎」といった心意が深く潜在しているからであろうと思われる。その意味では、さきに引いた瀬田貞二の文言の中に「金太郎にかえる桃太郎」とする指摘が一条あったのは留意しておくべきであろう。場合によっては歴史的にこれを「金太郎の呪力にかえる桃太郎の呪力」と読み変えるのも、充分可能であると思われるからである。

桃太郎の力と現世利益

さて、最後にその「桃太郎の力」に直接間接期待する、いわば現世利益《げんぜりやく》とも見做し得る面にも少々触れておきたい。一種の「桃太郎信仰」といえようか。知る限り、戦前から現在にいたるまで一貫してこれに携ってきたのは小久保桃江であった。『福祉の原点と桃太郎の研究』（一九七七年十月）がある。桃太郎関係のコレクターとして知られ、「日本桃太郎の会」を組織している。一昨年自宅を開放して「桃太郎資料館」（東京都江東区白河一丁目二の十の八〇五・事務局大西猛夫）を設けた。右には今日までに知られる「桃太郎の誕生地説」が三三ヵ所紹介されている。もっともそこでの整理には、さきに触れた『新板絵入桃太郎物語』巻之一が「むかし〳〵美濃国本巣郡の山里に、ぢゝとばゝと有けるが、此ぢゝハゆへあるひとなりしに」と記されたところから採択した例もある。ただし、近時の『おかやま桃太郎伝説の謎』（一九九五年四月）は、小久保のその提示を「参照」したうえで、二二ヵ所に絞り直している。いずれにしても、これがたとえ「桃太郎」話に限らずとも、その話の発生、定着地を求めるのはしばしば恣意的な作業に陥っている場合が多く、それがために学問的に深入りするのには自ずと限度がある。しかし、それを承知の上でなおかつそこに一定の距離を置きながら、従前とは異なったスタンスをもってここに言及するのは、別途見直されてよい観点かと思われる。たとえば最近の斎藤純の一連の仕事がそうである。斎藤は「『桃太郎神社の誕生』にむけて㈠」（『世間話研究』第四号、一九九三年三月）、「桃太郎と鬼――『伝説地』をめぐって」（『白い国の詩』第四八七号、一九九七年三月）、「熊野の桃太郎――見立て・まなざし・観光開発――」（『比較日本文化研究』第四号、一九九七年十二月）、「童話見物の誕生――桃太郎伝説の成立に見る口承の観光化について――」（『旅の文化研究所　研究報告』6、一九九八年三月)、「口承文芸研究の現在、大和の桃太郎と阿礼祭」(『口承文芸研究』第二十一号、一九九八年三月)といった具合に、丹念なフィールド調査にもとづいて、各地における「桃太郎」話の発生と展開、そしてそれの観光化といった論説を矢継ぎ早に発表して注意を集めている。当然、そこには福井県敦賀市の気比神宮、岡山市の吉備津神社、高松市鬼無の熊野神社(桃太郎神社)、犬山市の桃太郎神社あるいは三重県熊野市の清水寺等いずれも鬼退治、つまりは邪鬼を払い、子どもの無事成育を願うという、現世利益としての「桃太郎信仰」が浮上してくるのは、成り行き上というよりはむしろ現実直視といった点から避けられない。しかしてこれに似た例は現在、他にも岐阜県恵那郡加子母村、奈良県磯城郡田原本町にも生起しているのであった。わけても後者の場合は、昭和初期に町内の法楽寺を拠点にした安産・産育の祈念が、そのまま受け皿としての「桃太郎信仰」に習合して、かなりの隆盛をみたようである。ひとたびはそれを想起して同地では町の活性化を図るべく、町長であり、かつまた観光協会の会長でもある森晃一氏、商工会会長の萩原善之助氏、教育長の森口淳氏といった面々が積極的にこれの復活、再生にかかわっている。桃太郎の今後の命運を占うには恰好《かっこう》の判断材料の一つになるのではなかろうか。

あとがき

一昨々年の七月、西安、洛陽の旧蹟を巡り歩いた。久しく望んでいた旅である。わけても青龍と白馬の二寺はどうしても訪れたいと思っていた。それというのも、菅江真澄を読んで行くうちに『かすむこまがた』で、毛越寺の延年に参ずる条があった。その中で「老媼舞」「坂東舞」のあと、京殿が登場してきて「吾は都堀川の辺りに住む左少弁富任」だと名乗り、続けて「たいしやう（太上）きんしう（今上）二代の勅願でんかのめい、くいやうのしやうちなり、青龍、白馬の旧法をつたへて」という具合に突然、旧都二寺の名を告げるからである。もっとも、ここにいう「旧法」の具体的な内容は判らない。それでも一度はこの名刹を仰ぐ時を得たいと願っていた。真澄もおそらくはそれを念じていたであろうから、代ってお詣りしたいものだと考えていた。

青龍寺に行く道は折から工事の真最中で、車は通えない。それが幸いしてか、寺内は深閑としていて、心行くまで参拝が叶えられた。一方、白馬寺はそうは行かない。人波に押されるようにして参詣、拝観を済ませた。そのあと日を経て洛陽に移り、行程を消化しようとした矢先、博物館に立ち寄ったところで、はからずも桃太郎像に出会った。暮れなんとして暮れ泥《なず》む古都の夕日を背に、異国に遣わされた岡山の桃太郎は、心成しか幾分侘しげに見えた。早速カメラを構えたものの、正直言って「どうしてまあ、ここに」といった想いは払拭し切れなかった。それと共に本書一冊のテーマもその場で率然として決まった。国内はまだしも、外にあってさえ相も変らず桃太郎は消費され続ける運命にあったのである。しかして一方で、各地に逼塞する「もう一人の桃太郎」たちは依然として開放されることなく、鬱結して存するままでいた。そうした主人公の身の上を慮れば、ここにこうした場面を与えられたのは、まさしく千載一遇の好機としかいいようはない。早くに声を掛けて下さった大岩由明氏にお礼申し上げる。そうはいうものの、いざ引き受けてからは予期に反して一年半ほどの時日を費した。ただしその間、たまたま奈良県は田原本町役場の治田紀美子氏の斡旋で、同町商工会の森田淅男・上竹勝彦・岩井重幸氏、ならびに事務局の大沢義明氏、さらには桃太郎会会長西村輝夫氏を識る機会に恵まれた。幸い、そこでのご厚意によって、桃太郎ゆかりの寺と称される法楽寺をはじめ、町内の寺社を案内いただいている中で、現世利益にもとづく昨今の桃太郎信仰にも広く思いが及ぶようになって、書き下ろしが叶えられた。なお書名は当初用意した「もう一人の桃太郎たち」に変えて、書肆から提案による標題に落着した。直接の実務担当の方には、そのことをも含めて大層お世話になった。一筆記してお礼の言葉にしたい。

一九九九年十一月

野村純一

著者紹介
一九三五年、東京都に生まれる
一九五七年、國學院大学文学部日本文学科卒業
現在、國學院大学教授
主要著書
昔話伝承の研究　日本の世間話　昔話の森
昔話の語り手〈編〉　昔話伝説研究の展開〈編〉

歴史文化ライブラリー
85

新・桃太郎の誕生
日本の「桃ノ子太郎」たち

二〇〇〇年(平成十二)二月一日　第一刷発行

著　者　野《の》村《むら》純《じゅん》一《いち》

発行者　林　英男

発行所　株式会社 吉川弘文館
東京都文京区本郷七丁目二番八号
郵便番号一一三―〇〇三三
電話〇三―三八一三―九一五一〈代表〉
振替口座〇〇一〇〇―五―二四四
印刷＝平文社　製本＝ナショナル製本
装幀＝山崎　登

歴史文化ライブラリー

1996.10

刊行のことば

現今の日本および国際社会は、さまざまな面で大変動の時代を迎えておりますが、近づきつつある二十一世紀は人類史の到達点として、物質的な繁栄のみならず文化や自然・社会環境を謳歌できる平和な社会でなければなりません。しかしながら高度成長・技術革新にともなう急激な変貌は「自己本位な刹那主義」の風潮を生みだし、先人が築いてきた歴史や文化に学ぶ余裕もなく、いまだ明るい人類の将来が展望できていないようにも見えます。このような状況を踏まえ、よりよい二十一世紀社会を築くために、人類誕生から現在に至る「人類の遺産・教訓」としてのあらゆる分野の歴史と文化を「歴史文化ライブラリー」として刊行することといたしました。

小社は、安政四年（一八五七）の創業以来、一貫して歴史学を中心とした専門出版社として書籍を刊行しつづけてまいりました。その経験を生かし、学問成果にもとづいた本叢書を刊行し社会的要請に応えて行きたいと考えております。

現代は、マスメディアが発達した高度情報化社会といわれますが、私どもはあくまでも活字を主体とした出版こそ、ものの本質を考える基礎と信じ、本叢書をとおして社会に訴えてまいりたいと思います。これから生まれでる一冊一冊が、それぞれの読者を知的冒険の旅へと誘い、希望に満ちた人類の未来を構築する糧となれば幸いです。

吉川弘文館

〈オンデマンド版〉
新・桃太郎の誕生
日本の「桃ノ子太郎」たち

On Demand
歴史文化ライブラリー
85

2017年（平成29）10月1日　発行

著　者　野《の》村《むら》純《じゅん》一《いち》
発行者　吉川道郎
発行所　株式会社　吉川弘文館
〒113-0033　東京都文京区本郷7丁目2番8号
TEL　03-3813-9151〈代表〉
URL　http://www.yoshikawa-k.co.jp/

印刷・製本　大日本印刷株式会社
装　幀　清水良洋・宮崎萌美

野村純一（1935～2007）

ISBN978-4-642-75485-9